L'État d'Israël et l'avenir du peuple Juif

L'État d'Israël et l'avenir du peuple Juif

David Ben Gourion

L'État d'Israël et l'avenir du peuple Juif – En faveur du messianisme

Précédé de :

David Ben Gourion et la vocation messianique de l'État d'Israël

Traduction, présentation et notes de Pierre Lurçat

© 2024 David Ben Gourion, Pierre Lurçat

Édition : BoD • Books on Demand GmbH, In de Tarpen 42,
22848 Norderstedt (Allemagne)
Impression : Libri Plureos GmbH, Friedensallee 273,
22763 Hamburg (Allemagne)

Illustration : WikiCommons

ISBN : 978-2-3224-7813-2
Dépôt légal : Septembre 2024

A Eliezer et Elisheva Cherki

DAVID BEN GOURION ET LA VOCATION MESSIANIQUE DE L'ÉTAT D'ISRAËL

"Le nom Juif n'est pas seulement antérieur au nom sioniste, mais il exprime aussi beaucoup plus. Le judaïsme est plus grand que le sionisme"[1].

"Il faut donc honorer l'État d'Israël. Ce n'est pas seulement un instrument... C'est le début de la rédemption, une petite partie de la rédemption"[2].

Le texte intitulé "L'État d'Israël et l'avenir du peuple juif" qu'on lira ci-après a été publié par David Ben Gourion en 1957, presque dix ans après la

---

[1] D. Ben Gourion, "Réponse à mes détracteurs", cité par David Ohana, *Messianism and Mamlachtiut, Ben-Gurion and the Intellectuals, Between Political Vision and Political Theology*, Université Ben Gourion 2003.

[2] D. Ben Gourion, "Zionism and Pseudo-Zionism", in Actes du congrès de Jérusalem, 1959, cité par Yoram Hazony, L'État juif. *Sionisme, postsionisme et destins d'Israël*, éd. de l'éclat 2007, p. 459.

proclamation de l'État d'Israël, dont il a été le premier dirigeant. Il nous permet de découvrir un visage très différent de l'homme que l'on associe généralement à la Déclaration d'Indépendance de 1948. De David Ben Gourion, premier Premier ministre de l'État d'Israël et l'un de ses pères fondateurs, on connaît en effet l'image d'un homme d'action et d'un dirigeant politique aux idées bien arrêtées et à la vision quasi-prophétique, mais beaucoup moins celle du penseur sioniste. La postérité a été quelque peu injuste envers lui à cet égard : elle a parfois retenu l'idée d'un "penseur de peu d'envergure"[3].

En réalité, Ben Gourion a beaucoup écrit et n'a jamais cessé de poursuivre une recherche intellectuelle entamée dans ses années de jeunesse. Son œuvre écrite demeure toutefois quasiment inaccessible au lecteur francophone aujourd'hui. Un monumental recueil de textes fondamentaux du sionisme, publié par le Collège de philosophie il y a vingt ans, ne lui consacre ainsi qu'une petite vingtaine de pages, sur près de mille[4]. Quant aux livres de Ben Gourion lui-même qui ont été traduits en français dans les années 1950 et

---

[3] L'expression est de Georges Bensoussan, dans son *Histoire intellectuelle et politique du sionisme*, Fayard 2002.

[4] *Sionismes, textes fondamentaux*, sous la direction de Denis Charbit, Albin Michel 1998.

1960, ils sont depuis longtemps épuisés et n'ont jamais été réédités depuis lors [5]. Pourtant, celui qu'on a surnommé le "prophète armé" était aussi un intellectuel, c'est-à-dire un homme qui n'a jamais cessé de réfléchir et de s'interroger sur le destin juif et sur les mystères de l'histoire juive.

La question essentielle – s'il fallait en désigner une seule – qui a préoccupé David Ben Gourion pendant de nombreuses années était celle du miracle juif, ou plus exactement du miracle israélien. Admirateur des révolutions américaine, française et russe et des dirigeants qui les ont menées, il voyait dans la révolution sioniste un miracle supérieur à celui de toutes les révolutions qui l'avaient précédé car, écrivait-il en 1957, *"La révolution juive n'est pas seulement dirigée contre un régime, mais aussi contre le destin, contre le destin unique en son genre d'un peuple unique en son genre"* [6]. La renaissance d'Israël, explique-t-il encore dans un des textes ici présentés, ne ressemble à aucune autre renaissance nationale, car le peuple

---

[5] D. Ben Gourion, *Le peuple et l'État d'Israël*, éd. de Minuit 1959, et *Regards sur le passé*, éd. du Rocher 1965. Un recueil de textes a également été publié chez Stock en 1986, sous le titre *Du rêve à la réalité*.

[6] D. Ben Gourion, *Mon combat* (hébreu), 1957, III, p. 197.

d'Israël ne se trouvait pas sur sa terre lorsqu'il a entrepris de reconquérir son ancienne patrie.

C'est donc pour élucider ce mystère historique et ce "phénomène unique dans l'histoire mondiale" qu'il a écrit ce texte. Ce faisant, il réfute la conception largement répandue d'un particularisme purement religieux et s'attache à dénouer le caractère spécifique d'Israël, en tant que peuple et en tant que religion. De manière étonnante, Ben Gourion – sioniste socialiste qui a conservé toute sa vie durant une admiration pour la révolution russe – trouve l'explication de ce mystère non pas dans un quelconque élément matériel, économique ou sociologique, mais bien dans une idée, celle de messianisme. Le théoricien d'un sionisme fondé sur le socialisme et sur la lutte des classes, auteur d'un livre intitulé *De la classe à la nation*, s'est-il transformé en "idéaliste"?

En réalité, même devenu sioniste socialiste et fervent partisan de la "lutte des classes" ("*Assurer la mutation d'une classe travailleuse en un peuple travailleur. Telle est la vocation nationale de la classe ouvrière*", écrit-il ainsi en 1929[7]), Ben Gourion ne s'est

---

[7] D. Ben Gourion, *De la classe au peuple*, traduit dans *Sionismes, textes fondamentaux*, Albin Michel 1998, p. 447.

10

jamais départi de la croyance, remontant à son enfance, en la rédemption du peuple Juif. De manière éloquente, un texte de 1915, qui fait partie de son livre *De la classe à la nation*, s'ouvre par ces lignes: *"Du fond des ténèbres qui enveloppent notre peuple, à cette heure critique, une lueur est apparue : l'espérance de la rédemption se fraie une voie dans le cœur de la nation... C'est du sein de la tempête que nous parvient le son du Choffar du Rédempteur"*[8].

La croyance en la rédemption

Une anecdote relatée par l'historien David Ohana permet d'éclairer plus encore cette question[9]. En 1896, alors que David Ben Gourion (qui s'appelait encore David Gryn à l'époque) était âgé de dix ans, il accompagna un jour son père à la synagogue et apprit que *"la rumeur s'était répandue dans la ville, que le Messie était arrivé, qu'il se trouvait à présent à Vienne et qu'il arborait une barbe noire et répondait au nom de Herzl. Ben-Gourion, ayant trouvé la photographie de Herzl, se dit prêt à le suivre immédiatement, pour*

---

[8] *De la classe au peuple*, traduit dans *Sionismes, textes fondamentaux, op. cit.* p. 188. Le choffar désigne la corne de bélier, dont on sonne à certaines occasions et qui est associée dans la tradition juive à la figure du Messie.

[9] D. Ohana, *op. cit.* p. 24.

rejoindre la patrie ancestrale". L'anecdote, tirée des *Souvenirs* de Ben Gourion, peut prêter à sourire. Mais il convient sans aucun doute de la prendre au sérieux.

Il est intéressant de rapprocher la conception de la spécificité du peuple Juif développée par Ben Gourion de celle de son principal rival politique dans les années d'avant la Deuxième Guerre mondiale, le dirigeant sioniste révisionniste Vladimir Jabotinsky. Ce dernier s'était, à l'instar de Ben Gourion, posé la question de savoir ce qui distinguait le peuple Juif des autres nations. Aux yeux du fondateur de l'aile droite du mouvement sioniste, il s'agissait, tout comme chez Ben Gourion, d'un "mécanisme spirituel", élément qu'il reproche à Marx d'avoir négligé dans son explication des phénomènes historiques [10]. Pour Jabotinsky, le judaïsme est ainsi l'âme de la nation juive, idée qu'il ne cessera d'approfondir au cours de sa vie, évoluant d'une conception plutôt négative et utilitariste de la religion vers une vision beaucoup plus positive.

Ben Gourion est – sur ce point précis – encore plus clair que son rival politique, en désignant non seulement la tradition religieuse, mais plus précisément

---

[10] Voir Jabotinsky, "Exposé sur l'histoire d'Israël", dans *État et religion*, la Bibliothèque sioniste, éd. de l'éléphant 2022.

la *vision juive de la rédemption*, comme le cœur de la spécificité du peuple Juif. L'idée du messianisme juif ne cessera pas en effet d'accompagner Ben Gourion, sa vie durant, bien après qu'il aura cessé de fréquenter la synagogue. Et il s'agira toujours chez lui de la conception juive – même laïcisée – de la rédemption, et non d'une notion messianique teintée d'une lointaine et plus ou moins vague influence héritée de la tradition d'Israël, comme chez bien d'autres penseurs juifs du vingtième siècle[11].

Cette idée constitue à ses yeux, comme il l'explique dans le texte ci-après, la "pierre angulaire" de la foi juive. Or, explique-t-il, *"Celui qui ne voit pas la vision de la rédemption messianique au centre du particularisme de la nation ne peut pas voir la vérité fondamentale de l'histoire juive, et la pierre angulaire de la foi juive"*. Pour mieux comprendre comment Ben Gourion conçoit l'idée messianique, examinons succinctement son débat avec le professeur Yehezkel Kaufmann.

---

[11] A comparer par exemple – parmi tant d'autres – avec la conception messianique de Walter Benjamin, exposée par Michael Löwy dans *Walter Benjamin: avertissement d'incendie*, éd. de l'éclat 2014.

Le débat avec Yehezkel Kaufmann

La question que pose Ben Gourion en introduction à son long article consacré à l'État d'Israël et la vocation du peuple Juif, se pose toujours – près de soixante-dix ans plus tard – dans des termes identiques. L'État d'Israël est-il semblable à tous les autres États, ou bien possède-t-il une spécificité et un but particulier ? Pour tenter d'y apporter une réponse, il se lance dans une vaste digression historique, qui est l'occasion pour lui de polémiquer avec un des intellectuels israéliens les plus renommés à l'intérieur d'Israël à son époque, le professeur Yehezkel Kaufmann. Né en Ukraine en 1889, Kaufmann avait reçu une double formation, juive traditionnelle et philosophique. Ses principaux ouvrages, dont *Exile and Estrangement* et *The Religion of Israel*, lui valurent de recevoir à deux reprises le Prix Bialik, et le Prix d'Israël.

Ben Gourion – qui a toute sa vie entretenu un dialogue fécond avec de nombreux intellectuels juifs, en Israël comme à l'étranger – reproche à Kaufmann de négliger *"le lien spirituel profond du peuple Juif avec sa patrie antique"* et *"avec la langue hébraïque"*. Mais son reproche majeur envers Kaufmann est de ne pas *"apprécier la vision de la rédemption messianique qui emplit l'espace de l'histoire juive"*. Ce dernier reproche est au cœur de la réflexion menée par Ben Gourion concernant l'idée de rédemption ou de messianisme.

C'est en effet celle-ci qui, selon l'auteur, constitue la force motrice de l'histoire juive, celle qui a précédé les trois événements fondateurs que furent la sortie d'Egypte, la révélation au mont Sinaï et la conquête d'Eretz-Israël, et qui a rendu possible la renaissance de l'État juif après deux mille ans d'exil.

Loin d'être un pur affrontement d'idées, il s'agit donc d'un débat aux conséquences très concrètes : Ben Gourion cherche à comprendre comment le peuple Juif est parvenu, en dépit de tous les obstacles, à retrouver son indépendance. Outre son intérêt historique et intellectuel, le dialogue qu'il mène avec Kaufmann (et ailleurs, avec d'autres intellectuels) présente ainsi un caractère frappant de recherche de la vérité des événements auxquels il a lui-même participé. C'est sans doute ce qui confère à ce texte sa force de vérité et de conviction.

"Au commencement il y avait la vision..."

Voici comment il définit la *"force qui a rendu possible le rétablissement de notre État"*. C'est la *"vision de la rédemption messianique, le lien spirituel profond avec la patrie antique d'Israël, avec la langue hébraïque dans laquelle est rédigé le Livre des livres"* qui *"ont été les sources profondes et solides, auxquelles les Juifs dispersés dans l'exil ont puisé pendant des siècles la force morale et spirituelle pour résister à toutes les difficultés...*" Cette affirmation va donc plus loin que la conception traditionnelle du sionisme laïc, selon laquelle la religion juive aurait constitué le gardien de l'identité profonde d'Israël au cours de son long exil. Ben Gourion ne se contente pas d'une telle affirmation générale, mais cherche à comprendre ce qui, au sein du judaïsme, constitue le ferment de l'identité nationale.

Ce faisant, il ne distingue pas l'identité religieuse de l'identité nationale juive, les deux étant indissociablement liées. Affinant encore sa réflexion, il voit dans la conscience nationale un élément de fusion entre *"les fondements nationaux particuliers"* d'une part, et *"les fondements humains cosmiques qui échappent à tout cadre national"*. Cette conception très large – qui n'est pas sans rappeler la distinction établie par le rabbin Avraham Itshak Hacohen Kook entre les trois tendances : nationale, religieuse et universaliste au sein du peuple Juif –a pour originalité de considérer que les deux éléments apparemment opposés sont en fait fusionnés. C'est ainsi qu'il parvient à l'idée d'un *"lien organique, tissé entre la rédemption nationale juive et la rédemption collective de l'humanité"*.

Celle-ci est reliée de manière intrinsèque à la notion traditionnelle de "peuple spécial" (*Am segoula*), qui revient à plusieurs reprises dans les textes ici réunis. Comment Ben Gourion l'entend-il exactement? Là encore, le rapprochement avec son grand rival politique de l'avant-guerre, Jabotinsky, est instructif. Ce dernier, exposant sa vision du "sionisme suprême", écrivait: *"Après cela viendra la deuxième phase, le retour du peuple Juif à Sion… Ce n'est que dans la troisième phase qu'apparaîtra le but final authentique du sionisme suprême – but pour lequel les grandes nations existent: la création d'une culture nationale qui diffusera sa splendeur dans le monde entier, comme il est écrit : 'Car de Sion sortira la Torah' »*.

De manière significative, les deux dirigeants des branches opposées du sionisme laïc, le sionisme travailliste de gauche et le sionisme révisionniste de droite, avaient ainsi la même idée générale de l'objectif suprême du sionisme politique, qu'ils ont décrit tous deux en recourant au langage de la Bible. Ce rapprochement est d'autant plus frappant, avec le recul du temps, alors que les différences idéologiques (bien réelles) semblent s'estomper et que demeure l'étonnante proximité de vision entre des conceptions réputées opposées.

Une version laïcisée de l'idée de rédemption

Un des aspects les plus originaux de la pensée politique et historique de David Ben Gourion, telle qu'elle s'exprime dans ce texte, est en effet la laïcisation à laquelle il procède des concepts religieux de rédemption et d'élection, laïcisation qui ne s'accompagne d'aucune déperdition apparente de leur sens originel. Ainsi, écrit-il, *"notre époque a démontré que la vision de la rédemption et le lien avec la terre et la langue hébraïques n'étaient pas conditionnés par la relation avec la tradition et avec la loi juive"*. Mais cette conviction ne le conduit nullement à se contenter d'une vague affirmation de la "vocation universelle" du peuple Juif, ou des "valeurs universelles" léguées par les prophètes d'Israël à l'humanité.

Au contraire, c'est bien dans le retour d'Israël sur sa terre et dans l'édification d'un État juif qu'il voit la réalisation des idéaux prophétiques. Car, explique-t-il, *"ce ne sont ni Herzl, ni Moses Hess ni Baruch Spinoza qui ont inventé l'idée d'un État juif. Depuis des millénaires, les Juifs prient trois fois par jour : "Sonne du grand choffar pour notre libération et lève une bannière pour rassembler nos exilés…"* Aux yeux de Ben Gourion, l'État d'Israël est en effet le "début de la rédemption"[12]. Comment explique-t-il que ce soit précisément à

---

[12] D. Ben Gourion, *Mon combat* (hébreu), 1957, III, p. 197. L'expression "début de notre rédemption" a été intégrée par le rabbinat israélien à la bénédiction pour l'État d'Israël, prononcée chaque samedi dans les synagogues.

l'époque contemporaine que l'idéal messianique juif séculaire est devenu une réalité ?

Pour répondre à cette question, Ben Gourion se départit de son regard historique juif, pour adopter le discours du militant sioniste et il revient au *credo* fondamental du sionisme socialiste, celui du "retour à la terre" et du retour au travail manuel[13]. *"Sans retour en masse à la terre et au travail"*, explique-t-il, *"sans changement de la structure économique et sociale de la collectivité juive en Eretz-Israël, nous ne serions jamais parvenus à fonder un État juif"*. Ainsi, c'est à ses yeux au mouvement pionnier *haloutsique*, inspiré par les idées sionistes socialistes, que revient exclusivement le mérite d'avoir transformé l'aspiration séculaire à Sion en force agissante et d'avoir ainsi permis l'édification de l'État.

Ce n'est pas le lieu de discuter ici du bien-fondé de cette affirmation. Ben Gourion reconnaît pourtant que *"des Juifs libérés de la tradition et des Juifs religieux ont pris part à l'édification de l'État hébreu et à sa défense avec le même dévouement"*, mais cette

---

[13] Pour un exposé détaillé de cet aspect, voir G. Bensoussan, *Une histoire intellectuelle et politique du sionisme, 1860-1940*, Fayard 2002, p. 387.

affirmation n'est pas développée plus avant, car il s'en tient à la vision sioniste socialiste d'une "avant-garde" réalisatrice, conforme à l'éthos sioniste socialiste de la Deuxième *Alyah*[14]. Observons que cette ambivalence dans l'attitude de Ben Gourion envers les autres courants du mouvement sioniste est un élément récurrent dans son parcours politique. Mais c'est une autre polémique qui nous intéresse ici.

La polémique autour de l'idée messianique

Le débat autour de l'idée messianique revêt en effet, dès cette époque, des aspects polémiques qui culmineront lors de la campagne lancée par des étudiants de l'université hébraïque contre David Ben Gourion, au moment de l'affaire Lavon[15]. Celle-ci est évoquée dans sa réponse à Shlomo Avineri, intitulée "En faveur du messianisme"[16], également traduite dans ce recueil. Mais l'intérêt principal de cet article pour

---

[14] L'historiographie sioniste a pour coutume de décompter les vagues d'émigration juive (*alyah*) en Israël depuis le début du sionisme politique. La "Deuxième *Alyah*", entre 1904 et 1914, vit arriver en Israël près de 35 000 Juifs, venus pour la plupart de Russie et de Pologne.

[15] L'affaire Lavon, vaste intrigue militaro-politique, débuta en 1954 par la découverte d'un réseau d'espionnage pro-israélien en Egypte. Elle entraîna la démission du ministre de la Défense Pinhas Lavon.

[16] Que nous avons choisi pour titre de ce recueil.

notre sujet ne réside pas dans l'affaire Lavon elle-même, mais bien plutôt dans la manière très circonstanciée dont Ben Gourion répond aux arguments de ses détracteurs, dont fait partie Avineri. Au-delà des erreurs factuelles de ce dernier, relevées par Ben Gourion, c'est surtout le fond de leur débat qui reste, presque soixante ans plus tard, toujours aussi actuel.

Quel en était l'objet, et pourquoi est-il devenu si virulent? C'est précisément son double aspect, à la fois politique et intellectuel, qui rend cette polémique si actuelle, à savoir le fait qu'elle porte en même temps sur un sujet théorique et abstrait (la notion de "messianisme juif" et, à travers elle, celle d'État juif) et sur les différentes interprétations politiques de ces deux concepts. Aux yeux des détracteurs de Ben Gourion, celui-ci aurait "détourné" à des fins politiques l'idée messianique juive, et donné ainsi naissance à un messianique politique, aussi dangereux que celui de la Révolution française ou de la Révolution russe.

Mais le débat véritable entre Ben Gourion et ses opposants – pour la plupart professeurs à l'université hébraïque de Jérusalem – ne porte pas tant sur la nature des révolutions française et russe, ni même sur la notion de "démocratie totalitaire" forgée par Jacob Talmon, que sur le messianisme juif et sur l'élection d'Israël. Comme l'a déclaré Ben Gourion, lors de sa rencontre avec des intellectuels israéliens en mars 1961, *"En ce qui me concerne, contrairement au professeur J. Talmon et au professeur Rotenstreich, je crois en la foi messianique, certes pas comme nos ancêtres y croyaient, mais je crois d'une foi entière[17] que nous devons et pouvons être un peuple d'élection, et qu'à défaut – nous ne serons pas un peuple. C'est là notre destinée historique : soit nous serons un peuple d'élection, soit nous ne serons pas un peuple"*[18]. Cette affirmation est capitale pour comprendre le rôle attribué par Ben Gourion à l'État d'Israël.

L'idée d'un rôle spécial attribué au peuple Juif n'a rien d'exceptionnel parmi les penseurs et dirigeants du mouvement sioniste. On pourrait même dire qu'elle constitue le dénominateur commun entre toutes les différentes versions du sionisme politique depuis Herzl. On la retrouve en effet, sous des formes diverses et avec des nuances plus ou moins marquées, tant chez Herzl lui-même (qui voit dans le futur État juif le modèle d'une société juste), que chez Jabotinsky (dans sa vision

---

[17] Ben Gourion emploie ici l'expression traditionnelle, "Bé-Emounah shelema", "d'une foi parfaite".

[18] "Rencontre du Premier ministre avec des intellectuels", 29.3.1961, publié dans D. Ohana, *op. cit.* p. 151.

du "sionisme suprême" déjà citée, et aussi dans l'idée de "rédemption sociale" et d'une troisième voie économique fondée sur la Bible[19]), ou encore chez le rabbin Avraham Kook (pour qui le futur État juif devait être le "siège de la Royauté divine dans le monde"). On la retrouve également chez certains des protagonistes du débat avec Ben Gourion, comme Martin Buber (qui a souvent protesté contre l'idée que le sionisme pourrait donner naissance à un État qui serait un État comme les autres, une "deuxième Albanie" selon ses termes).

Le Brith Chalom contre David Ben Gourion

Pourquoi la vision du sionisme et de l'élection d'Israël de Ben Gourion a-t-elle heurté les professeurs de l'université hébraïque – qui ont été ses principaux détracteurs – et en quoi cette polémique est-elle toujours actuelle? Pour le comprendre, il faut resituer le débat entre Ben Gourion et les intellectuels dans le cadre plus vaste de l'affrontement d'idées entre le sionisme politique d'une part, et les tendances opposées au sionisme au sein du *Yishouv* (la collectivité nationale pré-étatique d'avant 1948), d'autre part. Le phénomène marquant de ce débat est en effet

---

[19] Voir Jabotinsky, *La rédemption sociale, éléments de philosophie sociale de la Bible hébraïque*, éditions l'éléphant - La bibliothèque sioniste 2022.

l'influence grandissante que des idées opposées aux fondements du sionisme politique ont acquise au sein du monde intellectuel israélien depuis 1948.

Comme l'a montré de manière étayée et convaincante Yoram Hazony, dans son livre *L'État juif*[20], l'université hébraïque a servi depuis les années 1930 et jusqu'aux années 1990, d'incubateur de conceptions politiques hostiles au sionisme politique ; conceptions qui étaient minoritaires dans les années 1930 et 1940, mais sont finalement devenues dominantes durant la période des accords d'Oslo (1992). Hazony explique comment la première génération de professeurs de l'université hébraïque – constituée de personnalités marquantes telles que Hugo Bergmann (fondateur du département de philosophie) ou Gershom Scholem – a été durablement marquée par les idées de Hermann Cohen, philosophe juif néo-kantien opposé au sionisme.

Ces intellectuels, dont certains étaient venus s'installer en Palestine mandataire non pas par sionisme, mais pour fuir l'Allemagne nazie (Buber lui-même n'y arriva qu'en 1938, sur l'insistance de ses amis

---

[20] Y. Hazony, *L'État juif. Sionisme, post-sionisme et destins d'Israël*, trad. de Claire Darmon, éd. de l'éclat 2007.

de l'université qui le pressaient de quitter l'Allemagne), avaient toujours cultivé une attitude ambivalente envers le sionisme politique[21]. Ainsi, Martin Buber, que Theodor Herzl avait nommé rédacteur en chef de l'organe du mouvement sioniste *Die Welt*, démissionna au bout de quelques mois, pour prendre la tête de l'opposition au fondateur du mouvement sioniste. Plus tard, il fonda le *Brith Chalom* ("Alliance pour la paix") aux côtés de Hugo Bergmann et de Gershom Scholem.

Ce mouvement aux idées radicales se situa toujours en marge du consensus sioniste, revendiquant un État binational au lieu d'un État juif (même après 1948!) et fondant des espoirs démesurés sur une hypothétique coexistence judéo-arabe, objectif auquel il était prêt à sacrifier tous les acquis du mouvement sioniste. Comme l'explique Hazony, *"le coup de force institutionnel le plus spectaculaire réalisé par l'Alliance pour la paix fut son influence sur l'université hébraïque de Jérusalem, qui exerça une hégémonie culturelle incontestée dans la Palestine juive"*[22]. Au cœur de l'opposition du Brith Chalom au sionisme politique se trouvait l'idée que la souveraineté en général n'était pas une valeur juive, et que le recours à la force militaire

---

[21] J'aborde ce sujet dans mon livre *La trahison des clercs d'Israël*, La maison d'édition 2016.

[22] Y. Hazony, *op. cit.* p. 259.

en particulier était un danger pour le judaïsme, idée exprimée notamment par Albert Einstein, en ces termes: *"Ma compréhension de la nature fondamentale du judaïsme répugne à l'idée d'un État juif avec des frontières, une armée et un pouvoir temporel, si modeste soit-il..."*

Pour mesurer la virulence de la polémique autour de la conception du messianisme de Ben Gourion, citons les propos d'un écrivain célèbre, à l'époque encore presque inconnu, qui étudia à l'université hébraïque: *"Je m'aperçus que* [le messianisme de Ben Gourion] *avait pour origine une distorsion de l'âme... dans la tyrannie des morts exercée sur les vivants. Parce que cette idée même signifie que ce sont les morts qui envoient les messages et les injonctions aux vivants, et ces messages peuvent très bien être redoutables... Chez Ben Gourion, j'ai vu la noirceur de la flamme du diable... Il incarnait toute la mystique juive, la Kabbale, Shabtaï Zvi et les suicides sanctifiant le nom de Dieu. Tout cela convergeait en lui comme à une croisée des chemins"*[23]. Soixante ans plus tard, c'est un autre Premier ministre, Benjamin Netanyahou, qui est régulièrement conspué dans des

---

[23] Nurit Gertz, *Amos Oz, monographie*, Tel Aviv, Sifriyat Poalim [hébreu], 1981, p. 28, cité par Y. Hazony, *op. cit.* p. 375.

manifestations publiques et qualifié, à son tour, de "Satan"...

La deuxième Guerre d'Indépendance d'Israël

Les textes ici publiés ont retrouvé ces dernières années, surtout depuis la guerre déclenchée par le Hamas et le Hezbollah le 7 octobre 2023, une étonnante actualité. Celle-ci se situe sur un double plan, qui est pour ainsi dire télescopé dans les événements dramatiques que vit Israël depuis plus d'un an. D'un côté, l'État juif se trouve plongé dans une guerre longue et difficile, qui rappelle à plusieurs égards – tant par son enjeu existentiel que par la multiplicité des fronts, l'étendue des pertes militaires et civiles et les déplacements de population qu'elle engendre – la guerre d'Indépendance de 1948. Et de l'autre, le débat public interne à Israël, poursuivant celui mené dans les mois de division et de luttes intestines qui ont précédé la guerre, a repris avec une virulence et un caractère personnel qui rappellent l'époque de l'affaire Lavon.

Ce sont en effet les mêmes reproches qu'on retrouve aujourd'hui adressés à Benjamin Netanyahou: son pouvoir excessif et prolongé, son autoritarisme, le "messianisme" de ses alliés politiques et le danger qu'il ferait courir à la démocratie, et qui étaient formulés envers Ben Gourion à l'époque de l'affaire Lavon. Et aujourd'hui comme alors, l'adjectif "messianiste" est transformé en insulte et utilisé à des fins politiques, d'une manière insidieuse qui dévoie totalement la signification de ce concept dans la tradition juive, pour en faire une arme politique aux mains des adversaires du pouvoir démocratiquement élu.

Ainsi, malgré la distance historique et les différences bien réelles entre les deux époques, Israël se retrouve plongé dans un double conflit intérieur et extérieur, qu'on peut décrire comme sa Deuxième Guerre d'Indépendance. Mais, comme l'expliquait à son époque Ben Gourion dans les pages ici traduites, ce n'est pas seulement la dimension militaire du conflit dans lequel Israël est plongé qui commande son issue, encore incertaine à ce jour. A cet égard, les lignes suivantes, concernant le *"problème politique crucial de la sécurité"*, demeurent tout aussi actuelles aujourd'hui qu'à son époque : *"La solution de ce problème ne réside pas dans une organisation militaire sophistiquée — et nul ne me soupçonnera de négliger la valeur de Tsahal. L'existence et la sécurité de l'État d'Israël sera assurée par une seule chose : une immigration massive"*.

Tout aussi actuel est le *credo* de Ben Gourion concernant le lien entre Israël et le judaïsme de diaspora: *"L'État d'Israël ne peut compter que sur un seul allié fidèle dans le monde : le peuple Juif"*. Mais l'aspect sans doute le plus actuel de sa réflexion est précisément celui qui porte sur le messianisme et la rédemption. *"Je suis persuadé"*, écrit ainsi Ben Gourion, *"que la foi messianique qui a existé au sein du peuple Juif durant des millénaires est une des forces principales qui ont servi à maintenir le peuple Juif en vie, au cours de ses pérégrinations et de ses malheurs, et qu'elle a aussi été un facteur important dans le retour à Sion au cours des dernières générations, lequel a lui-même déclenché la renaissance de l'État d'Israël"*. Plus encore que le jugement porté sur l'histoire juive, ancienne et récente, c'est la conviction exprimée par le premier dirigeant de l'État juif renouvelé que la foi messianique est "une des forces principales" de la survie du peuple Juif qui revêt une importance très actuelle.

Que nous disent en effet les partisans actuels d'un "État de tous ses citoyens", — dont les protagonistes du débat des intellectuels avec Ben Gourion étaient les précurseurs — sinon que l'État d'Israël n'a aucune vocation particulière, autre que celle de devenir un État occidental, dénué de toute spécificité culturelle ou spirituelle; en d'autres termes, un État privé de toute vocation messianique ? Sur ce point crucial, Ben Gourion se montre d'une clarté exemplaire. La vocation messianique d'Israël est à ses yeux la clé de la survie du peuple Juif aujourd'hui, tout comme elle l'a été hier, au cours de l'histoire juive bimillénaire. Loin d'être un "danger" pour la démocratie israélienne, la foi en la rédemption et en la vocation messianique d'Israël sont des éléments de sa survie. Ce n'est pas trahir la pensée de David Ben Gourion que d'affirmer que cette vérité exprimée il y a plus d'un demi-siècle reste tout aussi essentielle aujourd'hui.

P. Lurçat

L'ÉTAT D'ISRAËL ET L'AVENIR DU PEUPLE JUIF [24]

Je commencerai par plusieurs questions: les Juifs sont-ils un peuple – un peuple comme tous les autres, possédant sa vocation propre, ou bien sont-ils une communauté religieuse, ou encore les restes d'une nation dispersée ? Qu'est-ce que le judaïsme et quelle est sa mission? Le judaïsme s'est-il fossilisé, fixé et immobilisé au cours des générations et dans tous les pays, ou bien évolue-t-il encore, au gré de ses contacts avec les autres, en revêtant des nouvelles formes et en les abandonnant, selon les besoins spécifiques à chaque lieu et à chaque période ? Comment le judaïsme s'est-il perpétué en exil, alors que les Juifs étaient dispersés parmi les nations, et se perpétuera-t-il également dans l'avenir ? Qu'est-ce qui a rendu possible la renaissance de l'État juif à notre époque, et l'État d'Israël est-il semblable à tous les autres États, ou bien possède-t-il une spécificité et un but particulier? Qu'est-ce que la

---

[24] Publié initialement dans la revue *Molad*, juillet-août 1957, repris dans David Ohana, *Messianism and Mamla'htiout, Ben-Gurion and the Intellectuals, Between Political Vision and Political Theology* [hébreu], Centre Ben Gourion, Université Ben Gourion du Néguev 2003.

renaissance de l'État a modifié pour les Juifs dans le monde, et quelle est la relation mutuelle entre Israël et la diaspora? Quels sont les problèmes que l'État a résolus et ceux qu'il a fait ressurgir? Quelle lumière l'État projette-t-il sur notre passé et quelle promesse contient-il pour l'avenir ?

Je ne prétends pas répondre à toutes les questions que je viens d'exposer. Je ne suis pas certain qu'il existe une réponse claire et certaine aux questions historiques en général. Dans la mesure où il existe une réponse à ces questions – cette réponse soulève à son tour de nouvelles questions. Je vais tenter de répondre à certaines d'entre elles – et si je parviens à les éclaircir dans une certaine mesure – alors mes efforts seront récompensés.

Si l'on avait interrogé un Juif érudit il y a deux cent ans – qu'est-ce qu'un Juif, il aurait répondu de manière simple et avec certitude : un Juif est un descendant d'Avraham notre père, qui observe les commandements de la Torah et qui aspire à la venue du Messie. Et cette réponse aurait été jugée satisfaisante par chaque Juif. Une telle réponse serait aujourd'hui jugée insatisfaisante par une grande partie de notre peuple, sinon par la majorité. Depuis l'Emancipation et la libération de la pensée humaine des chaînes de la tradition, la religion a cessé d'être une force qui unifie, rassemble et domine, au sein de couches toujours plus nombreuses et importantes du peuple Juif. Le lien avec la nation juive n'est pas non plus aujourd'hui partagé par tous les Juifs, et peu nombreux sont ceux qui aspirent aujourd'hui à la venue du Messie.

Si on avait interrogé les promoteurs de l'émancipation juive en Allemagne et en France, il y a cent cinquante ans – qu'est-ce que les Juifs ? ils auraient répondu : une communauté religieuse. Les Juifs sont des Allemands ou des Français de religion mosaïque. La plupart des Juifs de Russie, de Pologne, de Galicie, de Roumanie et des Balkans auraient répondu il y a un siècle : les Juifs sont une minorité nationale en exil, très différents du peuple au sein duquel nous vivons. Et il y a cinquante ans, beaucoup d'entre eux auraient ajouté: les Juifs aspirent à revenir à Sion. Cette dernière réponse ne serait pas donnée aujourd'hui par la grande majorité des Juifs américains, même parmi ceux qui se définissent comme sionistes. En effet, les Juifs américains aspirent à s'intégrer dans leur nouveau pays de résidence, en tant que partie organique des États-Unis, à l'instar des autres communautés nationales et religieuses qui sont arrivées en Amérique il y a une ou plusieurs générations. Le judaïsme religieux lui-même ne constitue plus une force unie de l'intérieur. Les

Netourei Karta [25] en Israël et aux États-Unis ne reconnaissent pratiquement pas le judaïsme des Juifs qui ne pensent pas et ne se comportent pas comme eux. Le judaïsme religieux national appartenant au courant du "Mizrahi[26]", ne se différencie pas des autres éléments du peuple et il reconnaît que tous les Juifs font partie du peuple Juif, tout en étant convaincu que lui seul observe le judaïsme authentique, et il espère imposer son point de vue aux autres Juifs, par tous les moyens possibles. De nombreux Juifs traditionnalistes, qui n'appartiennent pas au "Mizrahi", estiment que l'existence de partis religieux en Israël porte un grave préjudice au judaïsme. Ils pensent que la transformation de la religion en instrument politique comporte un danger, tant pour la pureté de la religion que pour l'unité du peuple. Et Il y a aussi l'Agoudat Israël [27], qui se situe entre les Nétourei Karta et le

---

[25] *Netourei Karta*, litt. les "gardiens de la cité", mouvement juif orthodoxe apparu en 1938 en tant que scission au sein du parti Agoudat Israël, qu'il jugeait trop favorable au sionisme politique. (Toutes les notes sont du traducteur).

[26] *Hamizrahi*, organisation sioniste religieuse fondée en 1902 à Vilinus. Traditionnellement alliée au sionisme travailliste pendant les premières décennies de l'État, *Hamizrahi* donna naissance au parti sioniste religieux en 1956.

[27] Agoudat Israël, parti politique juif orthodoxe fondé en Pologne en 1912, en tant que réaction au sionisme politique. Considéré comme antisioniste à ses débuts, il participa néanmoins aux institutions sionistes, puis à celles de l'État

"Mizrahi", et aussi le judaïsme réformé, à travers ses différents courants. Quant au judaïsme laïque, il est également divisé et avant la création de l'État il existait un schisme non seulement dans le domaine religieux et spirituel, mais aussi dans celui des conceptions politiques, concernant la collectivité nationale en Israël et son avenir.

Les changements et la continuité sont le lot de toutes les nations du monde, de même qu'ils sont le lot de chaque personne, depuis son enfance et jusqu'à sa vieillesse. Certains peuples ont connu une continuité sans rupture et très peu de changements, tandis que pour d'autres, ce fut le contraire. La part du peuple Juif, tant pour les changements que pour la continuité, est sans doute plus élevée que celle de tout autre peuple. Et ces changements n'ont pas commencé à notre époque.

Les Juifs sortis d'Egypte et ceux qui erraient dans le désert étaient différents de ceux qui ont conquis le pays de Canaan et qui l'ont peuplé. Le peuple divisé en tribus à l'époque des Juges n'était pas le même que celui qui s'est uni sous la direction des trois premiers

---

d'Israël où il est devenu un parti politique représenté à la Knesset.

rois; et le peuple uni sous la direction d'un roi n'était pas le même que celui qui s'est divisé après la mort de Salomon, en créant le royaume de Juda et celui d'Israël. Et il y existe une grande différence entre le peuple de l'époque des premiers rois de Juda et d'Israël et celui de la période d'Ouziya et de Jéroboam ben Yoash – les deux grands rois à l'époque desquels sont apparus les prophètes Amos, Osée, Isaïe, Michée. Quant au peuple Juif durant toutes les périodes que j'ai mentionnées, depuis la sortie d'Egypte et jusqu'à l'exil de Babylone, il était très différent du peuple qui est revenu de captivité à l'époque de Zeroubabel, Ezra et Néhémie et a construit le Deuxième Temple. Il y a une différence considérable entre la période de la domination perse et celle des Grecs et des Hasmonéens, puis la période du Temple d'Hérode et des Romains ; et nous ne sommes pas encore parvenus à la fin des changements considérables dans l'histoire de la nation, mais au début seulement. Après la destruction du Deuxième Temple, sont intervenues la domination romaine, les grandes révoltes qui se sont terminées par une défaite et plus de mille huit cents années de malheurs et d'errances. Ce furent des générations de persécutions, d'exterminations et d'apostasie en terres chrétiennes et en terres d'islam, d'exil de la terre d'Israël, d'une domination étrangère à une autre, d'une langue à une autre. Ce fut l'assimilation forcée et renouvelée à chaque génération à des conditions de vie, à un climat intellectuel et à des structures politiques et économiques nouvelles et différentes dans tous les pays de la diaspora, sur les cinq continents. Ce furent des pressions politiques et économiques et spirituelles incessantes de la part de forces supérieures. Et au milieu de toutes ces métamorphoses et ces tribulations nombreuses et durables, qui ne sont pas encore achevées – le "moi" perpétuel de notre peuple s'est préservé, pas moins que ne s'est préservé le "moi" national des peuples stables et rattachés à leur terre durant toute leur histoire. Quelle était la nature de ce "moi" et comment s'est-il conservé durant tous les changements internes et externes, qu'aucun autre peuple n'a connus dans l'histoire de l'humanité ?

Caractère spécifique du peuple d'Israël en exil

Un des penseurs les plus originaux et des chercheurs les plus profonds de l'histoire de la croyance d'Israël, le professeur Yehezkel Kaufmann, explique dans son livre *Exil et étrangeté* [28] que *"la règle essentielle de la nature est, que chaque peuple qui se trouve en exil s'assimile à ses voisins"*. Et il interroge : *"Comment faut-il donc expliquer le phénomène selon lequel le peuple hébreu s'est attaché aux formes de son existence nationale et a persisté dans son particularisme national, en dépit de la nature de la*

---

[28] *Exile and Estrangement: A Socio-Historical Study on the Issue of the Fate of the Nation of Israel from Ancient Times until the Present* (1930).

réalité sociale ?" Et sa réponse est que *"le fait de la psychologie des peuples que le peuple Juif ait vu dans son essence religieuse l'unique raison intérieure de la lutte pour conserver son caractère unique a une valeur déterminante pour répondre à notre problématique. Ce n'est pas un facteur extérieur ou une volonté d'existence biologique en apparence, mais bien la force particulière enfouie dans la culture religieuse d'Israël, qui lui a donné une place particulière parmi les peuples. C'est elle qui a constitué le fondement véritable de son particularisme"* (vol.1, p. 199).

"L'idée agissante dans les profondeurs de l'âme de la nation, qui l'a contrainte à suivre son chemin particulier et a marqué de son empreinte toutes les manifestations de son existence, était l'idée religieuse". Et le professeur Kaufmann souligne et insiste : *"L'idée religieuse – et non pas la religion en tant que système de lois et d'obligations, comme nous avons l'habitude de le penser, et c'est la raison pour laquelle la religion (au sens de la croyance, celle en un Dieu unique) - est la source unique de la volonté nationale"* (id. 206).

Le professeur Kaufmann affine encore son explication, en affirmant qu'il *"ne faut pas considérer le judaïsme comme une religion nationale par nature, en raison des symboles nationaux auxquels elle s'attache –*

si l'on envisage la conception du judaïsme tardif, selon laquelle l'étranger devenait "Israël" selon sa signification véritable, en acceptant la religion juive, nous constatons que c'est en cela que s'exprimait vraiment la libération totale de tout lien ethnique".

Si cette explication du professeur Kaufmann est juste, on ne peut pas comprendre la raison de la place particulière du judaïsme, dès lors que la croyance en un Dieu unique s'est répandue parmi d'autres peuples, notamment par le biais de l'islam, et en grande mesure aussi par celui de différentes sectes chrétiennes, mais aussi chez certains adeptes du Védanta en Inde, selon les interprétations de Shankara Varmanaga[29]. En effet, le professeur Kaufmann souligne que ce ne sont pas les obligations concrètes, mais bien "l'idée religieuse" inhérente au judaïsme, à savoir sa croyance en un Dieu unique, opposée au culte des idoles, qui fait la particularité d'Israël et qui a préservé son existence en exil.

J'imagine que bien des lecteurs ont comme moi bu avec délectation les mots du professeur Kaufmann, dans son ouvrage monumental sur l'histoire de la

---

[29] Adi Shankara, maître spirituel de l'hindouisme au VIIIe siècle, philosophe de l'école du *Védanta*.

croyance d'Israël, dans lequel il conteste de manière très persuasive les conceptions de l'école de la critique biblique, disciples de Wellhausen[30], en expliquant, à juste titre selon moi, les sources et l'ancienneté de la croyance d'Israël en un Dieu unique. Mais le professeur Kaufmann reconnaît certainement que le monothéisme juif est différent de la conception des Védanta, qui parvient dans le livre de Shankara à l'idée d'unité abstraite extrême, et la différence réside dans l'essence du Dieu suprême, un et unique. Selon la doctrine de Shankara, Brahma est une entité métaphysique uniquement, qu'il convient selon lui de connaître, car le salut de l'homme dépend de cette connaissance et de cette conscience. Le Dieu suprême du Védanta n'oblige pas à accomplir de bonnes actions, et il ne contient en lui-même aucune signification morale, alors que le Dieu suprême d'Israël est l'incarnation du bien, de la justice et de la miséricorde, et que seul celui qui s'attache à ces qualités est proche de Dieu et est considéré comme étant véritablement religieux.

Dans la discussion entre Kaufmann et Ahad Aham, concernant le fait que ce n'est pas seulement la justice, mais aussi la bonté et la miséricorde qui sont les fondements de la morale du judaïsme, il est certain que

---

[30] Julius Wellhausen (1844-1928), théologien protestant, fondateur de l'école de la critique biblique.

la vérité est du côté de Kaufmann, même s'il me semble que c'est par erreur qu'il attribue la morale de la bonté et de la miséricorde au judaïsme tardif et non à celui de la Bible (*Ibid*. 203). Concernant les valeurs de bonté et de miséricorde, il n'y a pas de différence entre la morale prophétique et la morale du judaïsme tardif, comme cela ressort des propos de Kaufman. Le Dieu d'Israël dans la Bible est "plein de longanimité et de bienveillance" (*Bemidbar* 14-18). Le prophète Michée interroge : *"Homme, on t'a dit ce qui est bien, ce que le Seigneur demande de toi?"* et il répond *"Rien que de pratiquer la justice, d'aimer la bonté et de marcher humblement avec ton Dieu"*. (Michée, 6-9). Osée se plaint d'Israël car *"il n'y a ni vérité, ni bonté, ni connaissance de Dieu dans ce pays"* (Osée 4-1), et lorsqu'il vient consoler son peuple, il dit : *"Alors je te fiancerai à moi pour l'éternité, tu seras ma fiancée par la droiture et la justice, par la bonté et la miséricorde"* (Osée 2-21). Quant au prophète annonciateur de la destruction du Temple, Jérémie, il proclame au nom de Dieu: *"Je suis l'Eternel exerçant la bonté, le droit et la justice sur la terre, ce sont ces choses-là auxquelles je prends plaisir, dit l'Eternel"* (Jérémie, 9-23) tandis que les poètes des Psaumes ne cessent d'invoquer la qualité de la bonté: *"l'Eternel est clément et miséricordieux, tardif à la colère et plein de bienveillance"* (Psaumes, 103-8), *"C'est que toi, Seigneur, tu es bon et clément, plein d'amour pour tous ceux qui t'invoquent"* (Psaumes 86-5), *"Car, dis-je, la bonté aura une durée éternelle* (Psaumes 89-3). Et le prophète Zacharie interpelle son peuple : *"Rendez des jugements de vérité, pratiquez l'un envers l'autre la charité et la pitié"* (Zacharie 7-9).

C'est pourquoi l'hypothèse du professeur Kaufmann, selon laquelle *"Ce n'est pas la morale, mais la religion seule qui a servi de fondement au particularisme exilique d'Israël"* (p. 204) est étonnante. La distinction entre la morale et la religion est étrangère à l'esprit et à l'essence de la croyance d'Israël, tant celle de la Bible que celle du judaïsme tardif. Toutefois l'erreur essentielle, à mon humble avis, de l'auteur de l'*Histoire de la religion d'Israël* et d'*Exil et étrangeté* est ailleurs. Elle réside dans le fait qu'il n'apprécie pas à sa juste valeur les facteurs nationaux essentiels qui ont marqué de leur influence l'existence du peuple d'Israël, tant sur sa terre qu'en exil, en dehors de "l'idée religieuse", à savoir le monothéisme. Ce dernier – après la diffusion du christianisme et de l'islam – n'était en effet plus spécifique au seul Israël. Yehezkel Kaufmann, qui voit dans le monothéisme la spécificité du peuple Juif, ne peut pas négliger entièrement les facteurs nationaux qui ont rempli un rôle dans l'histoire d'Israël, aussi il affirme que *"même si, dans la conscience du peuple Juif, la conscience ethnique religieuse a joué un rôle considérable"*, Israël *"n'était pas une communauté religieuse uniquement, mais également une nation, une expérience ethnique nationale particulière"* (p. 217). Mais même avec cet ajout, me semble-t-il, le grand érudit spécialiste de la religion d'Israël manque à la vérité historique. Kaufmann néglige presque totalement le lien spirituel profond du peuple Juif avec sa patrie antique, même lorsqu'il s'est trouvé en exil, il ignore le lien de la nation juive avec la langue hébraïque et, ce qui est plus étonnant encore, il n'apprécie pas la vision de la rédemption messianique, omniprésente dans l'histoire juive, vision qui a suscité à différentes époques des tempêtes et des mouvements considérables au sein du peuple Juif, et qui a conduit à notre époque à une révolution dans notre histoire nationale.

Au seuil de l'histoire juive se trouvent trois événements déterminants, dont le souvenir et l'influence n'ont pas cessé d'être présents en nous jusqu'à ce jour : la sortie d'Egypte, la révélation du Sinaï et la conquête d'Eretz-Israël. L'aspiration à la rédemption a précédé ces trois événements essentiels. Selon la tradition, qui contient sans aucun doute un noyau de vérité, notre peuple a grandi à ses débuts en exil, dans la maison d'esclaves égyptienne. Sans l'aspiration à la rédemption, la sortie d'Egypte n'aurait pas été possible. Sans cette aspiration, nous n'aurions pas conquis la terre promise. Ce sont les prophètes qui ont façonné la foi antique de notre peuple - l'aspiration à la rédemption et sa vision animaient chacun de leurs actes, de leurs promesses et de leur vision.

Quelle est la force qui a permis la renaissance de notre État

Nous vivons actuellement la dixième année de la renaissance de l'État juif dans notre ancienne patrie. Nous avons vu à notre époque plusieurs peuples retrouver leur liberté, en Europe, en Asie et en Afrique. L'Inde, le Burma, Ceylan et d'autres sont parvenus à l'indépendance presque en même temps que l'État d'Israël. Mais chacun sait quelle est la différence essentielle entre la renaissance d'Israël et celle de ces États. Les peuples d'Inde, du Burma et de Ceylan se trouvaient pendant toute leur histoire sur leur terre, que des envahisseurs étrangers ont conquise à différentes périodes, et lorsqu'ils se sont libérés de ce pouvoir étranger, ils sont devenus indépendants. Ce n'est pas le cas d'Israël. La renaissance d'Israël ne ressemble pas non plus à celle des États-Unis, du Canada, de l'Australie et des pays d'Amérique latine. Ce sont des pays qui ont été redécouverts par des voyageurs conquérants espagnols, portugais, britanniques, et la métropole en Europe y a envoyé des émigrants pour s'y installer. Une fois que ces émigrants ont atteint un certain stade de développement, ils se sont détachés, par la force ou en vertu d'un accord, de la métropole et ont ainsi gagné leur indépendance. La renaissance d'Israël, tout comme son existence en exil, est un phénomène unique dans l'histoire mondiale, et cette renaissance éclaire le mystère de l'existence d'Israël en exil.

L'État juif est né à nouveau à une époque où la maison d'Israël en exil n'était plus unie, ni par sa conscience nationale, ni par sa foi comme c'était le cas il y a deux cents ans, ni par le respect des commandements religieux et des lois, ni par l'"idée religieuse", dans laquelle le professeur Kaufmann voit le secret de la particularité et de l'existence juives. Mais il ne fait pas de doute que, sans les forces qui ont maintenu le judaïsme en exil, nous ne serions pas parvenus à notre renaissance nationale. Ce n'est ni la puissance qui conquiert et qui colonise, ni le peuple asservi sur son territoire qui se libère du joug étranger qui ont permis la création d'Israël. Au commencement de notre renaissance, il y avait la vision.

L'État d'Israël a été créé sur une terre qui était habitée par des Arabes depuis mille quatre cents ans, et il est entouré au Sud, à l'Est et au Nord par des pays et des États arabes. Le pays lui-même était clairsemé et pauvre et le niveau de vie moins élevé que celui existant dans les pays d'où étaient venues les communautés juives qui avaient entamé sa construction. En 1918 encore, à l'issue de la Première Guerre mondiale, le pays comptait moins de soixante mille Juifs, c'est-à-dire moins de dix pour cent du nombre d'habitants non-Juifs. C'est dans ce pays qu'est né à notre époque l'État hébreu. Et il s'est produit une autre chose, là encore unique : la langue hébraïque, qui avait été comme extirpée de la bouche du peuple depuis des millénaires, est revenue à la vie et est devenue à la fois la langue parlée, la langue de tous les jours et la langue littéraire de l'État renaissant. Une telle chose ne s'était jamais produite dans l'histoire des langues. Nous connaissons l'ampleur des efforts accomplis par l'État irlandais, depuis des dizaines d'années, pour faire revivre la langue gaélique. Or, tous ses efforts se sont soldés par un échec cinglant, alors même que le peuple irlandais se trouvait sur sa terre sans interruption. Et malgré le fait qu'il ne se soit jamais libéré de sa haine inextinguible pour l'Angleterre, qui l'avait opprimé depuis très longtemps, il continue ainsi de parler l'anglais. Et une troisième chose encore s'est produite : en Israël, les Juifs ont modifié de fond en comble leur mode de vie économique, en se consacrant aux métiers manuels et au travail de la terre.

Quelle est donc l'explication de ce phénomène extraordinaire, tant sur le plan politique que culturel et économique, dont on ne connaît pas d'autre exemple dans l'histoire de l'humanité ?

La vision de la rédemption messianique, le lien spirituel profond avec la patrie antique d'Israël, avec la langue hébraïque dans laquelle est rédigé le Livre des livres – voici quelles ont été les sources profondes et solides, auxquelles les Juifs dispersés dans l'exil ont puisé pendant des siècles la force morale et spirituelle pour résister à toutes les difficultés et à tous les malheurs de la diaspora, et pour subsister jusqu'à ce qu'intervienne la délivrance nationale.

Celui qui ne voit pas la vision de la rédemption messianique au centre du particularisme de la nation est aveugle à la vérité fondamentale de l'histoire juive, et à la pierre angulaire de la foi juive. Les changements spirituels et politiques qui se sont produits à l'intérieur du peuple juif au cours des millénaires ont affecté également le caractère et les manifestations de cette vision. Elle ne s'est pas exprimée à toutes les époques de la même manière, tout comme le judaïsme tout entier a revêtu des formes changeantes, mais malgré toutes ces transformations, son noyau intérieur s'est conservé, et nous en voyons aujourd'hui la première germination dans l'État d'Israël.

Dans la conscience du peuple Juif, dans sa conscience religieuse, morale et nationale, ont fusionné de manière indistincte les fondements nationaux particuliers et unificateurs, enfermés dans le cadre de la nation hébraïque, et les fondements humains cosmiques qui échappent à tout cadre national, ou même humain, car ils embrassent l'univers tout entier.

L'expression suprême de cette fusion fut la vision de la rédemption messianique. L'aspiration des prophètes et des enseignants du peuple était la rédemption nationale totale sur la Terre d'élection ; mais cet idéal ne s'est pas restreint au seul cadre du peuple Juif. Car il a annoncé la nouvelle de la paix, de la justice et de l'égalité entre tous les peuples, c'est-à-dire la rédemption de l'humanité entière et l'annihilation du mal et de l'oppression dans le monde entier.

Dans la vision de la rédemption messianique, un lien organique s'est tissé entre la rédemption nationale juive et la rédemption collective de l'humanité. La nécessité intérieure expliquant ce lien peut être comprise dans toute sa vigueur à notre époque. Car c'est à notre génération – plus que dans toute autre période de l'histoire de l'humanité – qu'il existe une dépendance mutuelle entre les peuples, et que la nation la plus puissante est incapable de garantir son existence, sa sécurité et sa tranquillité, sans entretenir des liens avec les autres peuples. Même si le monde demeure divisé et traversé de luttes – il est en fait un monde unique, en dépit des nombreux et graves conflits, et son unité et son unicité se renforcent, au fur et à mesure que les prouesses de la science et de la technique et les moyens de communication modernes annulent la distance et accélèrent les trajets. C'est pourquoi aucune rédemption n'est possible pour notre peuple, aucune paix et aucune sécurité ne lui sont garanties, sans rédemption pour le monde entier, sans garantir une paix universelle et sans faire régner la paix et l'égalité entre les peuples. C'est la raison pour laquelle les prophètes d'Israël et ses maîtres ne promettent pas seulement la rédemption, mais exigent aussi de leur peuple qu'il soit un peuple singulier (*Am ségoula*). Le prophète Isaïe a incriminé son peuple, avec la cruauté d'un amoureux de la vérité, qui a prophétisé l'annihilation du mal et de la domination dans le monde et l'élévation de l'homme, de tout homme, en affirmant: *"Car je vais punir le globe de ses méfaits et les méchants de leurs crimes; je vais faire cesser l'orgueil des insolents, humilier l'arrogance des puissants. Je rendrai les hommes plus rares que l'or pur, les mortels que le métal fin d'Ophir"* (Isaïe, 13, 11-12). Isaïe croyait en la vocation élevée de son peuple et avait dit au nom de Dieu, *"Moi, l'Eternel, je t'ai appelé pour la justice et je te prends par la main, je te protège et je t'établis pour la fédération des peuples et la lumière des nations"* (42-6).

Ces deux motifs, la vision de la rédemption et l'élection du peuple Juif, reviennent incessamment dans les textes bibliques et dans les livres extérieurs, dans la *michna* et dans le Midrash, dans le rituel et dans la poésie hébraïque. Le plus grand des philosophes juifs, qui avait fait mine de s'éloigner de son peuple après avoir été excommunié par sa communauté à Amsterdam, a rejeté la tradition religieuse et a posé les fondements de la critique biblique, qu'il a établis sur le socle de la logique et de la réflexion. Il a exprimé dans son *Traité de théologie politique*, il y a trois cents ans, sa certitude que le jour viendrait où le peuple Juif refonderait son État et serait de nouveau élu par Dieu. Les visionnaires de l'État juif au dix-neuvième siècle, Moses Hess et Theodor Herzl[31], pensaient tous deux que le futur État juif serait un État modèle.

Il va de soi que – tant que la forme religieuse imprégnait toutes les communautés juives – tant la vision de la rédemption que l'idée de peuple élu et le lien avec la terre et la langue hébraïque revêtaient eux aussi une coloration religieuse. Mais notre époque a démontré que la vision de la rédemption et le lien avec la terre et la langue hébraïques n'étaient pas conditionnés par la relation avec la tradition et avec la loi juive. Des Juifs libérés de la tradition et des Juifs religieux ont pris part à l'édification de l'État hébreu et à sa défense avec le même dévouement, et l'opposition

---

[31] Moses Hess (1812-1875), philosophe juif allemand. Socialiste et inspirateur de Marx, il s'est rapproché du sionisme à la fin de sa vie, en publiant son livre *Rome et Jérusalem*. L'appellation de "Visionnaire de l'État" est traditionnellement utilisée pour désigner le fondateur du sionisme politique, Theodor Herzl.

à l'entreprise d'implantation qui a conduit à la création de l'État est venue avec la même force des cercles juifs orthodoxes et des cercles assimilés. Quant à la volonté d'être un peuple singulier, présente dans notre peuple, elle anime tant les cercles orthodoxes que les fidèles et les pionniers juifs laïcs. Les plus radicaux parmi les juifs orthodoxes ont considéré la tentative de reconstruire notre État par des voies naturelles comme une transgression hérétique de la croyance traditionnelle dans la venue du Messie, et les plus radicaux des Juifs laïcs ont considéré le retour et l'aspiration à rebâtir la patrie antique comme un danger pour l'émancipation et pour le statut des Juifs dans la diaspora. Même si les craintes de ces deux extrêmes n'étaient pas totalement infondées, la renaissance de l'État d'Israël a suscité dans le peuple Juif tout entier, toutes tendances confondues, un sentiment de joie et de fierté. A l'exception d'un petit groupe de renégats aux deux extrêmes – les *Netourei Karta* et les communistes – il n'y a pas un Juif dans le monde qui n'a pas accueilli avec enthousiasme et avec reconnaissance la proclamation de notre État.

Je ne vais pas reprendre ici le débat pour savoir si l'État est le fruit du labeur des nouveaux immigrants, ou celui de l'Organisation sioniste[32]. Je me contenterai

---

[32] Allusion au débat entre tenants du "sionisme pratique" (celui de l'implantation en Eretz-Israël) et partisans du

de dire qu'il est aujourd'hui le bien le plus précieux, et sans doute le seul bien commun du peuple Juif tout entier. Car à l'égard des autres valeurs du judaïsme, le peuple Juif à notre époque demeure divisé et scindé. Dans la diaspora, les Juifs sont privés de langue commune, d'expérience unificatrice, de lien général avec la loi juive et la tradition, et de conception partagée concernant la nature du judaïsme et son avenir.

Or, pour envisager ce qu'est la mission de notre État dans l'histoire de notre peuple, actuelle et future, il faut se souvenir de deux autres changements qui ont modifié de fond en comble le visage du peuple Juif au cours de la première moitié du siècle en cours, avant la création de l'État.

Au cours du vingtième siècle, il y avait dans le monde 10,5 millions de Juifs. Plus de 80 pour cent étaient concentrés en Europe (8 673 000). Le continent américain abritait moins de dix pour cent de la population juive mondiale, un million environ aux États-Unis et cinquante mille dans les autres pays du Nouveau monde. Quelque sept cent mille Juifs vivaient dans les

---

sionisme politique, qui privilégiaient l'action diplomatique et politique.

pays d'Asie et d'Afrique, et cinquante-cinq mille en Eretz-Israël. Même si plusieurs millions de Juifs ont depuis lors émigré dans les pays au-delà de l'océan, la grande majorité du peuple Juif demeure encore en Europe, à savoir près de neuf millions de Juifs. La communauté juive d'Europe, en particulier d'Europe orientale, a constitué au cours des trois cents années écoulées la matrice du judaïsme : c'est là que se trouvaient les centres de Torah, et c'est là que sont nés le mouvement de l'émancipation, la *Haskala* [33] et la littérature hébraïque et juive moderne. C'est là qu'a fleuri la "science du judaïsme", d'où est issu le mouvement Hibbat Sion [34] et qu'est apparu le mouvement ouvrier juif, et avec la convocation du premier Congrès sioniste à la fin du dix-neuvième siècle par le fondateur du sionisme politique, le Dr Theodor Herzl, ce judaïsme a constitué le bastion et a fourni la majeure partie du mouvement sioniste.

Au sein du mouvement sioniste, il convient de distinguer d'une part les sources anciennes, qui sont presque aussi anciennes que le peuple Juif, et d'autre part, les circonstances et les facteurs nouveaux qui sont apparus à l'époque moderne en Europe, au dix-

---

[33] *Haskala*: mouvement des Lumières juives.

[34] *Hibbat Sion* (ou *Hovevei Sion*): les Amants de Sion, mouvement populaire fondé en Russie par Leon Pinsker en 1881, qui marque le début du sionisme politique.

neuvième et au début du vingtième siècles. Les sources anciennes sont celles du lien spirituel profondément enraciné avec la patrie antique et de l'espoir messianique. Leur origine est liée à la vie du premier Hébreu, qui a selon la tradition reçu la promesse, *"Et je donnerai à toi et à ta postérité la terre de tes pérégrinations, toute la terre de Canaan, comme possession indéfinie"* (Genèse 17-8). Ce ne sont ni Herzl, ni Moses Hess, ni Baruch Spinoza qui ont inventé l'idée d'un État juif. Depuis des millénaires, les Juifs prient trois fois par jour : *"Sonne du grand choffar pour notre libération et lève une bannière pour rassembler nos exilés… Que nos yeux voient ton retour à Sion dans la miséricorde"*. Les vagues d'émigration sporadiques venant de différents pays, les visites d'émissaires venant d'Israël dans différents pays de la diaspora et les mouvements messianistes qui ont surgi de temps à autre, depuis la destruction du Temple et jusqu'au dix-huitième siècle, tout cela représentait l'expression vivante et concrète du lien et de la nostalgie pour la terre patrie et de l'espoir vivant dans le cœur du peuple de voir la rédemption et la délivrance nationale. Jusqu'au début de l'émancipation au dix-neuvième siècle, tous les Juifs savaient bien que leur lieu de résidence n'était qu'un exil provisoire, et l'idée qu'ils feraient partie du peuple au milieu duquel ils vivaient ne leur était jamais venue à l'esprit, tout comme cette idée était saugrenue aux yeux des peuples parmi lesquels les Juifs vivaient. Ce sentiment d'étrangeté est resté vivace au sein du judaïsme d'Europe orientale jusqu'au dernier moment. Les communautés juives de Russie, de Pologne, de Roumanie et des Balkans avaient à chaque instant conscience du fait qu'elles étaient une minorité implantée dans un pays étranger, et dans les années 1880 a commencé un mouvement d'émigration massive d'Europe orientale en direction des pays d'outre-Atlantique.

Le sentiment d'étrangeté et d'exil qui s'exprimait dans le mot "galout" a existé durant toutes les générations après la destruction du Second Temple. La foi juive, l'espoir messianique et le sentiment de supériorité morale ont permis aux Juifs de surmonter les malheurs et les persécutions et les souffrances qui étaient leur lot dans la plupart des pays et à presque toutes les époques. La capacité de résistance à la pression extérieure sans craindre le mépris, les supplices et les persécutions était une forme d'héroïsme moral élevé, mais c'était un héroïsme passif, car il s'accompagnait d'une soumission au destin et d'un sentiment d'impuissance. La rédemption attendue et espérée devait advenir au moyen de forces surnaturelles.

La vision des pionniers

Les événements dramatiques du dix-neuvième siècle, les mouvements nationaux et sociaux et les mouvements de renaissance nationale qui ont surgi au sein de plusieurs peuples d'Europe en vue de l'unification et de l'indépendance (en Italie, en Allemagne, en Hongrie, en Pologne et dans les pays des Balkans), le réveil de la classe ouvrière luttant pour instaurer un nouveau régime social, l'émigration massive des pays d'Europe en direction des pays outre-Atlantique – tout cela a ouvert au dix-neuvième siècle une nouvelle voie pour la vision de la rédemption messianique, a permis aux Juifs de redresser la tête et a renforcé en eux la conscience de leur valeur et de leur statut, en leur faisant découvrir les possibilités rédemptrices qui avaient été profondément enfouies au cours de la migration juive. Tous ces éléments ont réveillé la croyance en la capacité et en la force de l'homme juif de se révolter contre son destin, de se libérer par lui-même des fers de l'exil et de rapprocher la fin et la rédemption par des moyens naturels, c'est-à-dire par l'effort délibéré d'implantation. C'est alors qu'est apparu dans notre histoire un phénomène nouveau, qui a changé le cours de l'histoire juive. Ce phénomène que nous désignons par le nom d'esprit pionnier [35] désigne la force de l'action créatrice et révolutionnaire, qui utilise toutes les capacités humaines au service de la réalisation d'une vision, sans être découragée par aucune difficulté, aucun obstacle

---

[35] L'auteur emploie le terme hébraïque de *haloutsiout*, difficilement traduisible en français.

ou danger ; la flamme de la volonté entraînant les forces du corps et de l'âme et mobilisant chaque particule d'énergie en vue de l'objectif rédempteur. Cette foi créatrice et agissante a été au début le fait d'un petit nombre, mais l'exemple vivant des premiers pionniers a fait petit à petit des centaines et des milliers, puis des dizaines de milliers d'émules. L'élan des pionniers a transformé l'aspiration à Sion et le mouvement sioniste en facteurs agissants de l'histoire.

Ces manifestations pionnières étaient apparues également au cours des siècles antérieurs ; à l'époque de Don Joseph Nassi[36] au seizième siècle, à l'époque de l'*alyah*[37] de rabbi Yehouda Hahassid et de ses disciples au début du dix-septième siècle. Et à l'époque de rabbi Haïm Aboulafia au milieu du dix-huitième siècle. Mais il s'agissait alors de manifestations sporadiques, sans avenir et sans suite. Ce n'est que dans le dernier quart du dix-neuvième siècle que l'étincelle pionnière s'est enflammée et développée sans interruption, jusqu'à s'élever comme un pilier de feu, éclairant la voie des

---

[36] Joseph Nassi (1524-1579), banquier et diplomate à la cour du Sultan Soliman le Magnifique.

[37] Le terme de « montée » (*alyah*) est traditionnellement utilisé pour désigner l'émigration de Juifs vers Israël.

fidèles du peuple Juif dans toute la diaspora, en vue de la création d'un État juif.

Mais, en l'absence de l'orientation donnée par l'idée sociale, elle aussi fille du dix-neuvième siècle, l'élan pionnier se serait égaré et aurait dissipé sa force en vain, et l'État juif n'aurait pas pu voir le jour. Elle consista dans l'idée selon laquelle le travail était la fondation essentielle de la vie nationale saine. Les Juifs dans la diaspora ne vivaient pas seulement en exil et dans la dépendance du bon vouloir des autres peuples, mais la structure socio-économique de leur existence était aussi différente de celle de chaque peuple indépendant vivant sur sa terre de manière autonome : les Juifs étaient privés de terre et de travail dans les principales branches de l'économie, dont dépend l'existence indépendante d'un peuple. Sans retour en masse à la terre et au travail, sans changement de la structure économique et sociale de la collectivité juive en Eretz-Israël, nous ne serions jamais parvenus à fonder un État juif, car il n'est pas possible d'édifier un État dont la majorité de la population ne travaille pas la terre et n'accomplit pas les travaux nécessaires à l'existence économique.

Ce sentiment d'étrangeté et d'exil – qu'il découle de la réaction à l'antisémitisme, comme dans les pays d'Europe centrale et occidentale, ou bien de la conscience du particularisme juif et de l'absence de lien traditionnel avec les peuples et les cultures étrangères, comme dans les pays d'Europe orientale – a été nourri par les mouvements de libération nationale et sociale, et par la prise de conscience de la valeur du travail, comme fondement essentiel de la vie d'une nation. Tout cela a été intégré par de larges fractions du judaïsme d'Europe, et presqu'exclusivement du judaïsme d'Europe, au sein duquel est apparu le mouvement *haloutsique,* qui a transformé l'aspiration séculaire en acte réalisateur quotidien. C'est lui qui a posé les fondements de l'État juif, événement le plus extraordinaire dans l'existence du peuple juif depuis la conquête d'Eretz-Israël par Josué fils de Nun.

Deux catastrophes ont affecté le judaïsme européen au cours des vingt-huit années séparant la fin de la Première guerre mondiale et la fin de la Deuxième guerre mondiale : un tiers de ses membres ont été coupés par la contrainte du judaïsme mondial, pendant quarante ans par le régime bolchévique en Russie, apparu durant la Première Guerre mondiale, et deux tiers ont été massacrés et exterminés par les bourreaux nazis au cours de la Deuxième Guerre mondiale. Cette double catastrophe, sans égal dans l'histoire de notre peuple, pourtant emplie de souffrances, l'a frappé au cours de la première moitié du vingtième siècle, avant la fondation de notre État. Du judaïsme européen, il ne reste que quelques fragments, encore libres, mais l'époque de l'hégémonie du judaïsme d'Europe dans la vie du peuple Juif est définitivement révolue.

Mais, au cours de la même moitié de siècle, nous avons aussi assisté à un second changement, positif et fécond, la croissance d'un centre juif important aux États-Unis d'Amérique : d'un million de personnes au début du siècle, la communauté juive américaine a atteint plus de cinq millions de nos jours. Et il ne s'agit pas seulement d'une croissance quantitative : car le centre juif qui s'est développé dans le pays où est apparu le Nouveau Monde n'est comparable à aucun autre centre juif de la diaspora, tant par sa richesse, son influence et sa force, que par sa capacité matérielle et spirituelle. Cette communauté juive qui se considérait au début comme une "colonie" spirituelle du judaïsme européen est devenue de nos jours la métropole politique, matérielle et culturelle du judaïsme de diaspora. C'est là qu'est apparu un mouvement ouvrier considérable, même s'il s'affaiblit actuellement, avec la transition de la deuxième et de la troisième génération des immigrants vers le commerce, l'industrie et les professions libérales. C'est là-bas que sont apparus des centres importants de la "science du judaïsme" et des universités juives, des écoles supérieures formant des enseignants et des rabbins, et c'est là-bas que s'est affaibli et a presque disparu le sentiment d'exil et d'étrangeté. Et même si l'idéologie de l'assimilation ne s'est pas implantée au sein de la communauté juive américaine, l'assimilation *de facto*, linguistique, culturelle, dans le vécu et dans la vie économique et politique, tend à se répandre et les Juifs d'Amérique se considèrent, y compris ceux qui sont sionistes, comme faisant partie du peuple américain. Mais dans le même temps, ils se considèrent comme une entité juive et leur cœur est sensible à chaque chose juive, et leur aide matérielle et politique à la construction du *Yishouv* et à la création de l'État est immense.

Lorsque l'État juif a été créé en 1948, l'image, le statut, la répartition et les conditions de vie du peuple Juif étaient très différents de ce qu'ils étaient à la fin du dix-neuvième siècle et au début du vingtième siècle. La renaissance d'Israël a ouvert un nouveau chapitre dans l'histoire du pays, mais aussi dans celle du judaïsme tout entier. Elle a permis à l'homme Juif de redresser la tête, où qu'il soit: elle a sauvé en quelques années des centaines de milliers de Juifs des pays d'exil les plus misérables et les plus déclinants et les a transformés en Juifs fiers, créatifs, bâtisseurs et défenseurs de leur pays. Elle a insufflé un nouvel espoir au sein du judaïsme asservi et rendu muet du bloc soviétique. Elle a dévoilé la force extraordinaire de l'homme Juif dans tous les domaines de la création humaine et a renouvelé l'héroïsme juif ; elle a donné à chaque Juif, jouissant dans son pays de résidence de la liberté de circulation, la possibilité de vivre dans sa patrie indépendante en sécurité, s'il le souhaite. Ainsi, la renaissance nationale du peuple Juif tout entier a été garantie en théorie, même si elle n'existe pas encore dans la pratique. La nation juive est apparue sur la scène internationale, libre et égale en droits dans la famille des nations, et il n'est pas étonnant que tous les éléments du peuple dans la diaspora — qu'ils se définissent comme sionistes ou non, comme religieux ou comme laïcs, habitants des pays de prospérité et de liberté tout comme ceux des pays de pauvreté et de servitude — aient accueilli la création de l'État avec amour et fierté, et que l'État soit devenu le pilier central sur lequel repose l'unité du peuple Juif en exil.

Mais ne cédons pas à l'orgueil: la vision de la rédemption a donné naissance à l'État, mais l'État est encore loin de la réalisation de cette vision.

Le vécu et l'expérience de la plénitude

L'État a résolu certains problèmes, tout en faisant apparaître de nouveaux problèmes. La souveraineté juive permet aux Juifs de l'État d'Israël de façonner leur vie de manière indépendante, selon leurs besoins et leurs valeurs, dans la fidélité exclusive à son esprit, à son héritage historique et à la vision de son avenir. Dans l'État d'Israël, la barrière entre le Juif et l'homme est abolie. Les Juifs dans notre État ne sont plus soumis à deux autorités opposées et contraires: celle du peuple étranger, pour toutes les affaires économiques, politiques et sociales et la plupart des questions culturelles et spirituelles, en tant que citoyens d'un État à majorité non-juive (et parfois anti-juive), et leur propre autorité – au sein d'un espace restreint inspiré uniquement par leur passé de fidèles de la religion mosaïque, ou par leur appartenance au peuple Juif dispersé à travers le monde. L'État d'Israël a rendu au peuple vivant en son sein la plénitude juive et humaine. L'autorité juive souveraine couvre les besoins de l'homme vivant en Israël, ses actions et ses aspirations. La déchirure profonde qui divisait dans l'exil l'existence des Juifs et leur âme, et qui continue de les diviser et de les atteindre, a été refermée. Cette déchirure affaiblit et affecte tant l'homme dans le Juif, que le Juif en l'homme. Notre vie est redevenue ce qu'elle était à l'époque de la Bible – un vécu et une expérience d'unité et de plénitude, qui englobe dans un cadre hébraïque tous les aspects humains de l'homme et du peuple, toutes ses actions, ses besoins, ses aspirations, ses craintes, ses problèmes et ses espoirs. L'État d'Israël a vu apparaître non seulement un coiffeur hébreu, mais aussi un champ hébreu, un laboratoire hébreu, une recherche hébraïque et une science hébraïque qui englobe tous les domaines de la connaissance, et pas seulement la "science du judaïsme". Ici sont également nées une force et une armée hébraïques et une politique hébraïque, et la littérature, la poésie et l'art hébraïques puisent à nouveau dans toutes les sources de la nature et de la vie qui nous nourrissent. Cette autorité unique et entière transforme toute chose humaine en chose juive et toute chose juive en chose humaine. C'est seulement ici, redevenus des citoyens libres de l'État d'Israël, que nous sommes devenus des citoyens du monde égaux en droits, et il nous est demandé et ordonné de prendre position sur tous les problèmes du monde et sur les relations entre les peuples. L'autorité souveraine nous impose aussi une responsabilité pesante, qui était inconnue aux Juifs dans ce monde depuis des centaines d'années : nous portons la pleine responsabilité de notre destin et de notre avenir, et nous devons payer un prix très cher pour assumer cette responsabilité.

Je ne vais pas aborder ici les problèmes politiques et économiques d'Israël, mais je dois aborder les problèmes intérieurs et les relations avec le judaïsme mondial. Je ne dirai que quelques mots du problème politique crucial d'Israël : celui de la sécurité. La solution de ce problème ne réside pas dans une organisation militaire sophistiquée – et nul ne me soupçonnera de négliger la valeur de Tsahal. L'existence et la sécurité de l'État d'Israël sera assurée par une seule chose : une immigration massive. L'État a besoin de garantir sa sécurité par l'ajout d'au moins deux millions de Juifs au cours des prochaines années.

Cet État a été créé par la force du peuple Juif tout entier, et pas seulement celui qui vit à notre génération. Il ne fait aucun doute à mes yeux que toutes les générations du judaïsme ont une part dans l'action considérable et unique qui est accomplie à notre génération ; l'État a été créé pour le peuple tout entier. Mais dans les faits, l'État d'Israël est aujourd'hui le patrimoine d'un million sept cent mille Juifs seulement, qui représentent environ 14% de l'ensemble du peuple Juif, et c'est pour cette raison uniquement que l'État ne se considère que comme le début – je n'ose pas employer le terme de *commencement* [38] – mais pas seulement en raison de la faible quantité de Juifs qui ont rejoint à ce jour leur patrie. L'État d'Israël a deux missions essentielles, qui sont exprimées dans la Déclaration d'Indépendance et dans deux lois particulières que – même si elles ne sont pas désignées comme des Lois fondamentales [39] – je considère

---

[38] L'auteur emploie le mot hébraïque *at'halta,* qui renvoie à l'expression traditionnelle de "commencement de la Rédemption".

[39] Rappelons qu'Israël ne possède pas de Constitution en bonne et due forme, mais une série de "lois fondamentales" à valeur quasi-constitutionnelle, destinées à constituer les

néanmoins comme les lois suprêmes de l'État d'Israël, à la lumière desquelles marcheront les générations à venir et, tant qu'elles ne seront pas pleinement réalisées, on ne pourra considérer la tâche de l'État comme accomplie.

Les deux missions de l'État d'Israël

La première de ces lois est la Loi du Retour, qui exprime l'objectif du rassemblement des exilés. Cette loi dispose que ce n'est pas l'État qui accorde à tout Juif le droit de s'installer dans le pays, mais que ce droit lui appartient en tant que Juif, si tant est qu'il souhaite se joindre à la population du pays. Nous avons affirmé dans la Déclaration d'Indépendance que l'État d'Israël *"assurera une complète égalité de droits sociaux et politiques à tous ses citoyens, sans distinction de croyance, de race ou de sexe"*. Toutefois, l'État considère le droit de tout Juif de revenir dans son pays comme antérieur à sa création, et comme ayant sa source dans le lien historique jamais rompu entre les Juifs et leur patrie antique. La Loi du Retour ne fait pas partie des formes d'immigration existant dans les différents pays, qui déterminent à quelles conditions l'État accepte des immigrants venant de l'étranger et de

---

chapitres d'une future Constitution. Je renvoie sur ce sujet à mon livre *Quelle démocratie pour Israël ?* Editions l'éléphant 2023.

quelles catégories. La Loi du Retour exprime la persévérance et la continuité historique du lien entre le pays et son peuple et elle fixe le principe étatique officiel, en vertu duquel l'État a été rétabli.

Au cours des quelques années d'existence de l'État, des communautés entières y sont revenues d'exil, en provenance d'Asie, d'Europe et d'Afrique, mais nous ne sommes encore qu'au début du processus de rassemblement des exilés. Aucun d'entre nous n'est capable de prévoir l'étendue et les dimensions que pourra revêtir le rassemblement des exilés. Il existe des communautés juives qui aspirent à monter[40] en Israël et qui en sont empêchées. Il existe des communautés qui en ont la liberté, sans en éprouver le désir. Mais il n'existe aucune communauté juive au monde qui ne fait pas monter des Juifs en Israël, en petite ou en grande quantité. Aux deux facteurs qui ont incité à l'immigration avant la création de l'État — la détresse et la vision de la rédemption — s'ajoute désormais la force d'attraction de l'État, force d'attraction de la liberté et de la souveraineté juive et de l'élan créateur de l'État d'Israël. L'avenir seul dira quelles fractions du peuple se réuniront de nouveau dans la patrie ancestrale. Mais nous sommes convaincus que même les Juifs aspirant à

---

[40] Voir note 36 page 57.

l'alyah, et qui ont été privés depuis des décennies du droit d'émigrer librement, viendront eux aussi.

La seconde loi fixe la direction sociale de l'État et la forme que nous voulons conférer au peuple qui l'habite – il s'agit de la loi sur l'éducation publique. Le second article de cette loi dispose: *"Le but de l'éducation publique est de fonder l'éducation élémentaire au sein de l'État d'Israël sur les valeurs de la culture juive et sur les réalisations de la science; sur l'amour de la patrie et sur la fidélité à l'État d'Israël et au peuple Juif; sur la formation au travail agricole et à l'artisanat; sur la réalisation haloutsique ; sur l'aspiration à une société fondée sur la liberté, l'égalité, la tolérance, l'aide mutuelle et l'amour du prochain"*. Cette loi trace les lignes essentielles de notre identité de peuple singulier (*am segoula*) et d'État modèle, et de notre lien perpétuel avec le peuple Juif à travers le monde. Notre objectif historique est de créer une nouvelle société, fondée sur la liberté, l'égalité, la tolérance, l'assistance mutuelle et l'amour du prochain, c'est-à-dire une société exempte d'exploitation, de discrimination, d'asservissement, de domination entre les hommes, de coercition et de tyrannie. Cette loi contient aussi notre aspiration à développer en Israël une culture reposant à la fois sur les valeurs du judaïsme et sur les progrès de la science. Elle exige non seulement un lien de fidélité envers la patrie, mais aussi envers le peuple Juif tout entier.

Tant cette loi, que la Loi du Retour sont encore loin d'être pleinement réalisées, et elles ne constituent encore que des repères sur la route que notre État souhaite et doit suivre, en vue de réaliser sa vocation historique. Nous ne pouvons pas encore nous glorifier du fait que le peuple soit devenu dans notre État un peuple singulier. Même si, durant la brève période écoulée depuis notre indépendance, nous avons sans doute accompli plus de progrès relatifs que tout autre État au cours d'une même période, notre régime politique est loin d'être parfait et nécessite de nombreuses améliorations. Et nous ne pouvons pas non plus nous féliciter d'être parvenus au rassemblement des exilés, avec l'arrivée d'un million de Juifs depuis la création de l'État. Je vais cependant tenter d'esquisser brièvement la nécessité historique de faire de notre État un État modèle et les qualités que nous possédons pour réaliser une mission aussi grande, ainsi que la nécessité et la chance de rassembler le maximum de Juifs de l'exil.

Am segoula, le peuple singulier et le peuple en exil

L'État d'Israël ne peut compter que sur un seul allié fidèle dans le monde : le peuple Juif. Israël est le seul État au monde qui ne possède aucun pays proche par la religion, la langue, l'origine ethnique ou la culture, comme c'est le cas des pays scandinaves, des pays anglophones, des pays arabes, des pays catholiques ou bouddhistes, etc. Nous sommes un peuple qui vit solitaire[41]. Nos voisins les plus proches, tant du point de vue géographique que du point de vue ethnique et linguistique, sont nos ennemis les plus amers, et je crains qu'ils ne soient pas près d'accepter notre existence et notre croissance. Notre seul allié fidèle est le peuple Juif. Il ne fait pas de doute que des parties non négligeables du judaïsme de l'exil se joindront à nous au cours des prochaines années, tant au sein du judaïsme des pays musulmans que dans les communautés d'Europe orientale, et également dans les communautés des pays développés. Toutefois, la diaspora juive existait déjà à l'époque du Premier Temple, et elle a préexisté à l'exil de Babylone ; cette diaspora se trouvait en Egypte. A l'époque du Second Temple, la diaspora s'est élargie, et il est difficilement envisageable que le Troisième Temple absorbe la totalité de la diaspora à notre époque. L'existence du judaïsme aujourd'hui ne peut plus être envisagée sans l'État d'Israël et sans un lien intrinsèque avec cet État. Mais l'existence de l'État ne peut pas non plus faire abstraction de l'association fidèle avec la diaspora. En l'absence d'inspiration et de rayonnement moral,

---

[41] Expression tirée de *Nombres*, 23-9.

culturel et politique, en provenance de l'État et à destination de toute la diaspora, cette association risque d'être remise en question. La guerre d'Indépendance et la campagne de Suez ont suscité la fierté des Juifs et ont augmenté le prestige de l'État d'Israël au sein du peuple Juif et dans le monde entier. Mais l'État d'Israël n'a pas vocation à devenir la Sparte hébraïque, et ce n'est pas son héroïsme militaire qui le rendra cher aux yeux du peuple Juif.

C'est seulement en devenant un peuple singulier, dont chaque Juif sera fier, que nous pourrons préserver l'amour du peuple et sa fidélité envers Israël. Notre place dans le monde également sera déterminée non pas par notre prospérité matérielle, et non pas par notre héroïsme militaire, mais par la lumière diffusée par notre entreprise, notre culture, notre société, et c'est seulement ainsi que nous gagnerons l'amitié des peuples. Même si les ombres sont nombreuses actuellement dans notre existence nationale, et ce sont parfois des ombres très denses, nous avons de bonnes raisons de croire qu'il nous est possible d'être un peuple singulier. Nous pouvons d'ores et déjà mentionner trois forces agissant au sein de l'État d'Israël, qui indiquent clairement la capacité morale et intellectuelle enfouie en nous, à savoir: l'implantation agricole, l'armée de défense d'Israël et l'ensemble des personnes qui travaillent dans la science, la recherche, la littérature et les arts, qui n'est pas moindre tant du point de vue de la quantité relative que de la qualité que celui de tout autre peuple au monde. L'implantation agricole a tracé de nouvelles voies, en vue d'édifier une société fondée sur la liberté, l'égalité, l'assistance mutuelle, sans pareille dans aucun pays au monde, en Orient comme en Occident. Tsahal n'est pas seulement un outil sécuritaire fiable et efficace, mais aussi un cadre éducatif exigeant, qui exalte l'être humain, abolit les frontières ethniques et communautaires et donne à notre jeunesse la confiance en soi, la responsabilité envers la collectivité et la vision de la rédemption. Même si, durant les brèves années de notre indépendance étatique, nous avons dû investir des efforts considérables, en premier lieu pour les besoins de notre sécurité, l'intégration des nouveaux immigrants, l'édification de l'économie, et que nous devrons le faire pendant de nombreuses années encore, nous avons réussi à construire des institutions dans les domaines de la science et de la recherche et avons porté la littérature et les arts à un niveau aussi élevé que dans les pays les plus développés.

Je ne fais pas partie de ceux qui expriment facilement une critique acerbe contre la science, comme si la loi de causalité avait été supprimée et que l'existence de la matière était mise en doute, et comme si la contestation de la science nous ramenait à la foi dans le miracle de la révélation. Je fais partie des "conservateurs" – à l'instar d'Einstein, qui a continué de croire en la loi de causalité même après la théorie quantique – et à mon humble avis, la matière n'a pas été annulée, mais l'identité entre matière et énergie a été découverte, et on peut dire qu'avec cette découverte, la dualité matière-esprit a été abolie. Mais nous en sommes encore au stade de l'expérience et des lois de la nature. Toutefois, la science ne dit pas à l'homme quel est le chemin qu'il doit choisir dans la vie, car la science est au-delà du bien et du mal, et en l'absence de valeurs spirituelles, religieuses ou morales, l'homme est dépourvu de toute ligne de conduite dans la vie. Or, le genre humain ne possède pas de valeurs plus élevées que celles que nous ont léguées les prophètes d'Israël.

De même qu'on ne peut négliger les difficultés considérables sur la voie de l'État d'Israël dans les domaines politique et économique, on ne peut pas non plus traiter avec dédain le poids des difficultés morales qui parsèment notre route: les habitudes héritées de l'exil, le manque d'éducation et de capacités étatiques, l'excès de divisions, la multiplicité des partis politiques, l'ébranlement de la tradition, les difficultés de l'intégration, l'influence d'une littérature et d'une presse de bas étage à l'étranger comme à l'intérieur du pays, le développement de la criminalité parmi les nouveaux immigrants qui ne se sont pas intégrés dans le pays et au sein de la jeunesse israélienne qui est privée de tout contenu spirituel et social. Et nous ne pourrons pas consolider notre statut international, notre sécurité et notre défense en un jour, et ne parviendrons pas facilement à l'indépendance économique. Il est certain que nous ne deviendrons pas un peuple singulier sans efforts assidus et sans mener un combat social. Il existe une relation de dépendance mutuelle entre notre situation économique et notre statut politique d'une part, et la possibilité de nous élever sur le plan spirituel et social. La matière et l'esprit ne sont pas deux domaines séparés. La santé du corps et l'élévation de l'âme dépendent l'une de l'autre. Un combat et un effort intense et prolongé nous attendent dans tous les domaines; économique, politique et socio-culturel. Mais l'histoire du peuple Juif au cours des générations, et les capacités qui se sont manifestées depuis la création de notre État, le changement extraordinaire qui s'est produit au sein des centaines de milliers de nouveaux immigrants en quelques années peuvent renforcer notre confiance que nous en sommes capables.

La communauté juive en URSS et la communauté juive américaine

Beaucoup dépend toutefois de l'attitude, de la participation, de la volonté et des choix de la diaspora. Nous nous trouvons à présent face à une diaspora juive fondamentalement différente de la diaspora juive d'il y a cinquante ans. Les deux centres les plus importants du judaïsme en diaspora sont les États-Unis et l'Union soviétique. Les Juifs des pays d'islam sont déjà montés en Israël dans leur grande partie, et on peut supposer que la grande majorité de ceux qui y restent monteront aussi au cours des prochaines années. La communauté juive américaine est différente de toute autre communauté juive depuis le début de notre histoire, depuis la communauté juive de Babylone dans l'Antiquité jusqu'au judaïsme russe à l'époque des Tsars. Elle s'est développée et a évolué dans un cadre de liberté et d'égalité, et l'ensemble du peuple au sein duquel elle vit est également constitué d'immigrants. Un seul élément la rapproche des autres communautés juives en exil, le fait que sa structure socio-économique est différente de celle de la plus grande partie du peuple américain. Les Juifs des États-Unis appartiennent de plus en plus aux classes moyennes et supérieures uniquement, et le nombre des agriculteurs est quasiment nul, tandis que celui des ouvriers va en diminuant, et les Juifs s'intègrent dans le commerce, l'industrie et les professions libérales et réussissent très bien dans ces professions. Comment cela influera-t-il sur leur situation et sur les relations qu'entretient avec eux la majorité du peuple américain, seul l'avenir le dira.

Dans tous les autres domaines, il n'existe aucune différence aux États-Unis entre les Juifs et les non-Juifs. Il n'existe pas d'idéologie de l'assimilation parmi les Juifs américains, même si l'assimilation se développe dans les faits, car elle n'implique pas la négation de l'identité juive. Leur judaïsme ne possède des points d'appui réels que faibles et peu nombreux. Le culte religieux se développe, mais on peut douter que la conscience religieuse se renforce. L'appartenance à une synagogue ou à un temple n'est pas synonyme de lien avec la loi juive traditionnelle ou avec les valeurs des prophètes d'Israël. Les organisations membres de la fédération sioniste en Amérique ne sont aucunement différentes de celles qui n'en font pas partie. Le sionisme aux États-Unis ne repose pas sur la conscience de l'exil et sur la volonté et la nécessité de revenir à Sion. Et toute comparaison entre le destin des communautés juives en Europe et celui de celles des États-Unis – pour le meilleur et pour le pire – est dénuée de fondement. Les Juifs américains ne rencontrent aucun obstacle, ni aucune incitation pour préserver leur judaïsme et leur relation avec l'État d'Israël, mais il n'existe pas non plus d'obligation intérieure ou extérieure pour ce faire. Et tout pronostic scientifique fondé sur la nécessité historique – si l'on peut parler de pronostic scientifique en matière d'histoire – peut s'avérer infondé. Les débats abstraits sur l'avenir de la communauté juive américaine sont dénués de fondement et d'utilité – mais il faut s'attacher aux actes concrets en vue de garantir l'avenir, conformément à la volonté et aux besoins des Juifs.

La situation des Juifs dans le bloc soviétique est bien différente, en particulier en Union soviétique. Cette communauté juive est condamnée à l'assimilation depuis quarante ans, par un régime totalitaire et hostile au judaïsme. La génération qui a grandi sous le régime bolchevique ne peut bénéficier d'aucune éducation juive, et elle est coupée par une main de fer de notre tradition historique, de tout lien avec le peuple Juif et avec la terre d'Israël. Elle ne sait ni lire ni écrire en hébreu, ni en yiddish. Il lui est interdit de quitter le territoire de l'URSS. Et sans la création de l'État d'Israël, elle serait condamnée tôt ou tard à l'anéantissement du point de vue juif.

Mais même un régime totalitaire n'est pas tout puissant, et n'est pas protégé contre les changements et les évolutions. Contrairement à la loi affirmée concernant l'auto-détermination de tous les peuples de l'Union soviétique, les Juifs ne peuvent pas, bien qu'ils appartiennent à la nation juive de manière officielle, jouir du droit à cette autodétermination. L'expérience du Birobidjan s'est soldée par un échec cinglant.

L'antisémitisme en URSS, tout en étant interdit par la loi, n'a pas cessé et n'a pas faibli. Cet antisémitisme, tout autant que l'existence de l'État d'Israël, encourage et développe le sentiment juif, même si dans un régime communiste, celui-ci ne peut revêtir aucune expression organisée et culturelle. Mais le problème juif en Russie devient de plus en plus préoccupant également du point de vue des dirigeants et il n'est pas impossible qu'il trouve finalement, peut-être même dans les prochaines années, sa seule solution concrète: l'ouverture des portes de l'émigration des Juifs vers Israël[42]. Selon des informations fiables, le nombre des Juifs en Russie atteint trois millions et demi. Si les portes s'ouvrent, on peut supposer que la moitié au moins des Juifs de Russie émigreront en Israël, et l'État d'Israël comme la communauté juive mondiale doivent se préparer à cette éventualité, qui comporte aussi des difficultés considérables et des chances sans précédent, tant pour l'État d'Israël que pour l'avenir du peuple Juif tout entier.

Et même si plus de quatre-vingts pour cent des Juifs de la diaspora sont regroupés dans le territoire des deux plus grandes puissances mondiales, cela ne doit pas nous détourner de l'importance des communautés

---

[42] Ben Gourion a vu juste, et les portes de l'URSS se sont ouvertes trente ans après la rédaction de ces lignes.

juives des autres pays de prospérité; en Europe occidentale, au Canada et en Amérique latine, en Afrique du Sud, en Australie et en Nouvelle Zélande. Les conditions dans ces pays ne sont pas comparables à celles des États-Unis, malgré leur grande similarité. Et là encore, on ne doit pas s'occuper de faire des pronostics abstraits, mais des manières d'agir et des moyens pouvant approfondir la connaissance de la spécificité juive et de l'unité du judaïsme, qui sont à mon avis triples : 1) l'éducation hébraïque, ayant pour pilier la connaissance de la Bible. 2) Le développement du lien personnel avec l'État d'Israël sous toutes les formes (visites, investissements en capital, éducation des enfants, de la jeunesse et des étudiants pour une période plus ou moins longue en Israël, y compris la formation pionnière des meilleurs parmi les jeunes et parmi l'intelligentsia, pour qu'ils rejoignent les bâtisseurs et les défenseurs de notre pays). 3) L'approfondissement du lien avec la vision de la rédemption messianique, c'est-à-dire la vision de la rédemption juive et humaine des prophètes d'Israël. Ces trois éléments constituent le dénominateur commun qui peut unir le judaïsme religieux, orthodoxe, conservateur, réformé et laïque, en donnant un sens et un objectif juif, y compris pour les Juifs qui ne participeront pas au processus du rassemblement des exilés. Et ces trois éléments serviront aussi de facteur d'union morale et culturelle entre le judaïsme de l'exil et l'État d'Israël. Le lien avec la culture hébraïque, et en premier lieu avec la Bible dans sa langue originale, le lien avec l'État d'Israël, le lien avec la vision de la rédemption messianique, rédemption du peuple Juif et de l'humanité, voilà le triple lien qui est capable de réunir et de rattacher toutes les parties du judaïsme, à travers ses divisions et sa diaspora, et si nous le voulons – ce fil ne sera jamais rompu.

EN FAVEUR DU MESSIANISME (RÉPONSE À SHLOMO AVINERI) [43]

L'article de M. Shlomo Avineri ("Israël dans la période post-Ben Gourion"), professeur en sciences politiques à l'université hébraïque de Jérusalem, paru dans le numéro de septembre de la revue *Midstream*, a certainement suscité un vif intérêt au sein des lecteurs de la revue. Dans la note au préambule de la rédaction, il est écrit que: *"M. Avineri étudie les processus politiques fondamentaux qui ont amené à la situation actuelle"*.

Malheureusement, cette observation est totalement erronée. Il est possible que M. Shlomo Avineri soit un spécialiste des développements politiques en Russie – sur lesquels il fonde son analyse concernant le mouvement ouvrier en Israël – mais son article montre qu'il ne connaît pas l'histoire de ce mouvement. Ainsi, il cite un discours que j'ai prononcé

---

[43] D. Ben Gourion, "In Defense of Messianism", *Midstream*, Vol. XII, 3 (mars 1966). La présente traduction est établie d'après la version en hébreu publiée dans D. Ohana, *op. cit.* p. 347.

lors de l'assemblée des Poalé-Tsion[44] en 1910, mais n'utilise pas la version originale (publiée il y a 55 ans dans le journal du mouvement Poalé-Tsion en Eretz-Israël, *Ha-Ahdout)*, mais un assemblage d'extraits publié à Tel-Aviv en 1957, qui n'est ni exhaustif, ni exact. Si M. Avineri avait utilisé la version originale intégrale, il aurait pu constater que son objet principal était la situation juridique des Juifs de Turquie (qui incluait à l'époque la terre d'Israël), deux ans après la révolution des Jeunes Turcs en 1908, et la nécessité d'organiser les Juifs de Turquie – et pas en d'autres endroits – pour protéger leurs droits et leur statut[45].

L'auteur cite également mon discours au 25e Congrès sioniste (28.12.1960), dans lequel j'ai mentionné l'adage talmudique, selon lequel "Celui qui vit en dehors d'Israël est comme un idolâtre", et il tente de démontrer ainsi que le messianisme qu'il m'attribue est *"la destruction du messianisme, transformé en force politique"* et que je cite l'adage talmudique, alors que je suis *"un homme agnostique ou athée"*. Je ne sais pas d'où M. Avineri tire ses informations concernant mes convictions religieuses, mais cette citation également

---

[44] Poalé-Tsion: mouvement sioniste d'obédience socialiste et marxiste, fondé entre 1903 et 1905.

[45] Ben Gourion avait étudié le droit ottoman pendant plusieurs années à Istanbul, où il s'était installé en 1911.

est une utilisation de mes propos hors de leur contexte. C'est aussi ce qu'avait fait le journaliste du *New York Times*, il y a cinq ans, lorsqu'il avait télégraphié cet adage talmudique à son journal, comme s'il s'agissait de mon opinion personnelle. Lorsque les dirigeants du mouvement sioniste aux États-Unis – qui avaient entendu mon discours au Congrès sioniste – protestèrent contre cet article, le *New York Times*, qui est un journal respectable, s'empressa de rectifier l'erreur et de publier mon discours intégral. Le lecteur a compris que je parlais de la minorité religieuse, profondément enracinée dans la tradition religieuse séculaire antérieure à l'émancipation, qui ne peut pas observer les commandements religieux intégralement en dehors d'Israël, car la religion juive – contrairement au christianisme ou à l'islam – est apparue sur cette terre et son observance et ses commandements y sont implantés – et qu'il est impossible de respecter une grande partie des commandements religieux dans un autre pays. Depuis que l'État juif est apparu et que ses portes sont ouvertes à chaque Juif qui souhaite s'y installer, tout Juif observant les commandements qui reste en exil ne respecte pas ses obligations religieuses, et enfreint les lois de la Torah, car nos Sages ont dit que "celui qui habite en dehors de la terre d'Israël est comme un idolâtre".

Mais, dans ce discours lors du Congrès sioniste, je ne parlais pas seulement de l'*alyah*. Dans mes propos concernant les devoirs du mouvement sioniste en diaspora, j'ai affirmé qu'en plus du renforcement de l'*alyah* et de l'obligation d'instaurer des relations personnelles avec Israël au moyen de visites dans le pays et d'investissements et d'y envoyer étudier ses fils et filles, l'éducation de la jeune génération devait devenir le bras principal du mouvement sioniste: étudier l'hébreu et l'histoire juive, enseigner la Bible hébraïque et la littérature à tous les enfants, dans chaque famille juive.

M. Avineri est un adversaire résolu de la conception messianique. Il semble qu'il tire sa doctrine de Jacob Talmon, professeur d'histoire moderne à l'université hébraïque de Jérusalem, qui a publié trois livres condamnant le "messianisme politique" des dirigeants de la Révolution française [46]. Talmon considère la doctrine messianique comme la source du totalitarisme politique.

M. Avineri a ajouté à son article le sous-titre "La vengeance du messianisme", car il considère mon départ du gouvernement – "après 30 années de pouvoir" – comme une sorte de "vengeance" de ma conception messianique. Mais M. Avineri sait sans

---

[46] Jacob Talmon, *Les origines de la démocratie totalitaire*, Calmann-Lévy 1966.

doute – ou du moins, tous les amis et citoyens d'Israël savent – que ce n'était pas mon premier départ. La première fois, j'avais quitté volontairement mes fonctions au sein du gouvernement à la fin 1953, mais j'avais alors signifié explicitement, dans ma lettre au président de l'État, que je quittais mes fonctions pour un ou deux ans, voire plus. Dans un article que j'avais publié à l'époque dans le *New York Times*, j'avais expliqué les raisons de mon départ provisoire : afin que l'État ne soit pas identifié à une seule personne. Le titre de l'article était: "Pourquoi il ne faut pas rester trop longtemps au pouvoir".

Lorsque j'ai quitté mes fonctions pour la deuxième fois, en juin 1963, je n'ai pas dit que c'était un départ provisoire. Je ne signalerai ici que les "inexactitudes" qui ont induit en erreur, pour autant que je sache, M. Avineri et les lecteurs de *Midstream*.

Le mouvement ouvrier en Eretz-Israël n'est pas – et n'a jamais été – la continuation, ni une branche du mouvement socialiste-révolutionnaire[47] en Russie. Seul celui qui méconnaît l'histoire du mouvement ouvrier et qui n'aime pas ses dirigeants, peut parvenir à une

---

[47] Le parti socialiste-révolutionnaire (SR), né en Allemagne en 1901, était un mouvement d'inspiration socialiste à base essentiellement paysanne, se réclamant de l'organisation révolutionnaire *Narodnaya Volya*.

conclusion aussi absurde. J'ai eu le privilège d'être un membre de ce mouvement pendant près de soixante ans. Il est évident que nous avons beaucoup appris des mouvements ouvriers dans d'autres pays et de l'histoire en général, mais notre mouvement n'a pas cherché à imiter la social-démocratie allemande – qui était à la tête du mouvement ouvrier en Europe au dix-neuvième siècle et jusqu'à la Première Guerre mondiale – ni le mouvement travailliste britannique – qu a atteint son apogée après la Première Guerre mondiale – ni le mouvement ouvrier en Russie, auquel n'ont appartenu qu'une poignée de membres de la Deuxième *Alyah*[48].

Les ouvriers en Eretz-Israël se considéraient comme les représentants du peuple Juif, venus participer à la renaissance de la nation dans son antique patrie, et ils se sont tracé une nouvelle voie pour atteindre cet objectif, différente de celle de tout autre mouvement. La structure de la confédération ouvrière en Israël est unique en son genre, et les localités agricoles coopératives n'ont pas d'équivalent, dans aucun pays du monde. L'idée essentielle de la Deuxième *Alyah* – qui a façonné le caractère du mouvement ouvrier en Eretz-Israël – était qu'il est impossible de fonder un État juif et d'édifier un pays sinon au moyen du travail juif, et que nous ne

---

[48] Voir note 14 page 20.

deviendrions un peuple que si nous parlions l'hébreu. Le combat pour imposer le travail hébreu fut difficile – difficile au point que même Ahad Aham[49], après sa troisième visite en Eretz-Israël, en 1912, est parvenu à la conclusion qu'il n'était pas possible d'instaurer le travail juif et qu'il était donc impossible de fonder un État juif. *"Un parti 'suprême' de paysans de la sorte, qui dépend du travail des autres"*, écrivait-il, *"ne peut pas servir de fondement à une telle édification. Le fondement de la vie de toute nation est la masse paysanne, les ouvriers et les paysans pauvres, qui subviennent difficilement à leurs moyens par leur travail manuel dans les champs, que ce soit sur leur propre parcelle modeste, ou dans les champs appartenant au 'parti suprême'. Or, la masse paysanne en Eretz-Israël ne fait pas partie des nôtres aujourd'hui, et il est difficile de nous représenter comment elle pourra être créée dans l'avenir, même si le nombre de nos villages se multiplie à chaque coin du pays... Nous devons donc accepter l'idée que l'implantation agricole en Eretz-Israël, même si elle se développe au fil du temps, jusqu'à la limite de l'imaginable, restera toujours une société 'suprême' constituée d'une minorité cultivée et développée, tirant sa force de son cerveau et de son capital, mais que la masse paysanne nombreuse, tirant*

---

[49] Ahad Aham (Asher Zvi Ginsberg, 1856-1927), écrivain et homme politique opposé au sionisme politique, aux yeux duquel Eretz-Israël devait être tout au plus un centre spirituel pour le peuple Juif.

*sa force du travail de ses mains, ne nous appartiendra pas non plus dans l'avenir. **Cette réalité modifie entièrement la nature et l'objectif du sionisme***".

Notre mouvement a réalisé ce qui paraissait impossible, même aux yeux d'Ahad Aham, et une telle révolution ne s'est accomplie en aucun autre lieu dans le monde. C'est dans cet objectif qu'a été fondé le kibboutz, qui n'a pas d'équivalent ailleurs dans le monde, pas même dans la Russie communiste. Les *kibboutzim* existent depuis 54 ans déjà, et leur nombre ne cesse de croître. Ils représentent une des créations du mouvement *haloutsique* juif en Eretz-Israël, qui dépasse l'entendement d'une personne comme M. Avineri, lequel prétend trouver les racines de ce mouvement chez les *Narodniki* russes alors que, jusqu'à aujourd'hui, il n'existe pas en Russie un seul kibboutz. Une personne érudite et cultivée n'écrit pas sur ce qu'elle ne connaît pas, ou qu'elle ne comprend pas. Quant au "défaut messianique" que M. Avineri croit déceler dans le mouvement travailliste israélien, il ne diminue en rien, serait-ce d'une seule once, sa valeur et ses réalisations, pas plus que son importance historique.

M. Avineri prétend également dévoiler le grave danger que recèlerait le messianisme : "*Un mouvement messianiste qui parvient au pouvoir, transforme son aspiration à créer de nouveaux horizons moraux en celle de protéger la structure de son pouvoir. Il n'est donc pas étonnant que, après la création de l'État, en 1948, Ben Gourion ait subi un changement tout à fait essentiel"*.

Quelles sont les catastrophes qui se sont déroulées en 1948? L'État juif est né; l'armée de Défense d'Israël a été créée. Les armées arabes, qui avaient envahi le pays dans le but de détruire le jeune État, ont été repoussées et vaincues. Immédiatement après la Guerre d'Indépendance, des élections démocratiques se sont tenues ; un parlement juif a été élu et un gouvernement juif stable a été constitué – pour la première fois dans l'histoire du peuple Juif. Des nouveaux immigrants venus du Yémen et d'Irak, des rescapés des camps allemands, des Juifs du Maroc, de Tunisie, de Pologne, d'Iran et d'Inde sont venus en Israël, et la population juive du nouvel État a doublé en l'espace de quatre ans. L'éducation obligatoire et gratuite a été instaurée pour tous les enfants de six à quatorze ans. Si tout cela découle du "messianisme arrivé au pouvoir", alors cela veut dire qu'il nous rend de grands services. Je suis disposé à avouer ma culpabilité pour ces "fautes", même si je ne réclame pas le crédit pour tout cela, car je suis intimement persuadé que l'histoire est la réussite collective des meilleurs représentants de chaque génération. S'il existe une seule chose pour laquelle mon mérite personnel est plus grand que celui des autres citoyens d'Israël, c'est bien l'organisation de l'armée et la formation de son caractère, en tant que bras exécutif des organes officiels élus, à la différence des armées arabes voisines. Mais sans État juif démocratique, et sans aspiration à un État démocratique, je n'aurais pas pu fonder une telle armée.

M. Avineri ne se contente pas de dénoncer ce "messianisme" dangereux. Dans son article, il cite aussi de soi-disant faits, qui s'avèrent inexacts et qui lui sont sans doute parvenus du groupe "*Min ha-Yesod*[50]" dont il fait partie, créé il y a cinq ans par le cercle des partisans de M. Lavon.

Je dois dire tout d'abord qu'il est tout à fait évident que M. Avineri ne sait rien de la nature de la "sale affaire" dont est issu le conflit, qui a été désigné par la suite comme "affaire Lavon". La plus grande partie des matériaux concernant cette affaire n'ont pas été rendus publics en Israël, pour des raisons tenant à la sécurité, et son affirmation selon laquelle "*cette*

---

[50] *Min ha-Yesod* ("depuis le fondement") est un club de réflexion créé en 1962 au sein du parti travailliste par des opposants à Ben Gourion, à la suite de l'affaire Lavon.

affaire regrettable et stupéfiante a établi un lien entre les services secrets israéliens et les conflits et luttes d'influence internes au parti au sein de l'État" est dénuée de tout fondement.

S'il connaissait les faits tels qu'ils se sont produits, il n'aurait pas employé cette expression. En dépit de cela, et pour des raisons évidentes, je ne tenterai pas ici d'éclaircir la vérité.

M. Avineri écrit : *"Lorsque Lavon a été convaincu, en 1960, qu'il détenait des témoignages accablants attestant que l'establishment de sécurité pro-Ben Gourion avait fomenté contre lui une accusation mensongère en 1955, il a demandé à Ben Gourion d'examiner ce qui s'était passé et de laver sa réputation"*.

Ce texte contient plusieurs inexactitudes. En 1955, aucune "accusation mensongère" n'a été fomentée contre Lavon. La "sale affaire" s'est déroulée en 1954, à la suite d'un ordre qui avait été donné alors que M. Lavon était ministre de la Défense et que Moshé Sharett était le Premier ministre. La question était de savoir qui avait donné cet ordre, Lavon, comme le prétendait "l'officier supérieur", ou bien un "officier" agissant de sa propre initiative, comme le prétendait Lavon ? Lorsque Lavon s'est adressé à moi en septembre

1960, je n'avais aucune preuve, et il n'a pas demandé à vérifier ce qui s'était passé. Il ne m'a pas demandé d'interrompre le travail de la commission d'enquête de l'armée, dirigée par un juge de la Cour suprême, que j'avais constituée en qualité de ministre de la Défense. La commission était chargée de vérifier la fiabilité de deux officiers – le premier encore en service, et le second réserviste. Les deux étaient impliqués dans "l'affaire", et c'est apparemment la raison pour laquelle Lavon était inquiet de l'enquête. Je lui ai expliqué pourquoi la commission avait été constituée, et lui ai dit que je ne la supprimerai pas – c'est alors seulement qu'il a demandé à "laver sa réputation" au moyen d'un communiqué, selon lequel ce n'est pas lui qui avait donné l'ordre. J'ai refusé et lui ai dit : *"Je n'ai pas constaté que tu avais agi de manière irrégulière, et je ne peux pas et ne suis pas compétent pour déclarer que tu n'es pas responsable, en faisant ainsi porter la responsabilité sur l'officier. Je ne suis ni enquêteur ni juge. Seul un tribunal peut trancher la question de savoir qui a donné l'ordre"*.

M. Avineri poursuit en développant une théorie sans fondement: *"Selon Ben Gourion, cette demande ne pouvait avoir qu'une signification : Lavon contestait son pouvoir, et de manière implicite, du fait que les assistants les plus proches de Ben Gourion était apparemment impliqués dans une manœuvre visant*

Lavon, il contestait aussi sa propre intégrité". Je n'ai connaissance d'aucune manœuvre concertée ayant alors visé Lavon, et à ma connaissance, il n'y a pas eu de manœuvre contre Lavon en 1954, alors qu'il était ministre de la Défense et que Moshe Sharett était Premier ministre (après mon départ provisoire en 1953). Au début 1955, le Premier ministre (M. Sharett) désigna une commission constituée de deux personnes afin de déterminer qui avait donné l'ordre et ils parvinrent à la conclusion qu'ils n'étaient pas convaincus au-delà d'un doute raisonnable que Lavon n'avait pas donné l'ordre et n'étaient pas non plus convaincus que "l'officier supérieur" avait reçu un tel ordre...

[...]

Du fait que M. Avineri a donné à son article stupéfiant le titre de "la Vengeance du messianisme", je me sens obligé d'expliquer aux sionistes américains (qui éditent la revue *Midstream*), quelle est ma position véritable sur la question de la foi messianique.

Je suis persuadé que la foi messianique qui a existé au sein du peuple Juif durant des millénaires est une des forces principales qui ont servi à maintenir le peuple Juif en vie, au cours de ses pérégrinations et de ses malheurs, et qu'elle a aussi été un facteur important dans le retour à Sion au cours des dernières générations, lequel a lui-même déclenché la renaissance de l'État d'Israël.

La vision messianique représente à mes yeux – et je suis certain de ne pas être le seul à le penser – la vision des prophètes concernant la rédemption du peuple Juif. Ces prophètes ont élaboré une conception morale de l'histoire, qui n'a pas d'équivalent dans la littérature mondiale, ni avant eux, ni après. Les prophètes d'Israël ont déchiffré la signification la plus profonde du processus de l'histoire humaine, comme nul ne l'avait fait avant eux. La justice, la vérité et la paix étaient à leurs yeux les valeurs les plus élevées et les plus sacrées. Ils ont refusé de se prosterner devant les idoles d'argent et d'or, et se sont vivement opposés, avec toute leur vigueur prophétique, à l'exploitation des pauvres et à l'oppression des êtres humains. Aucune nation ne portera l'épée contre une autre, ont-ils affirmé, et nul n'apprendra plus l'art de la guerre. Ils ont entrevu un avenir dans lequel les hommes ne commettraient plus aucune faute, et la rédemption d'Israël faisait partie intégrante de leur conception du monde messianique. Ils ont exigé – à juste titre – que leur peuple devienne meilleur, et ils ont prophétisé que notre peuple deviendrait la lumière des nations. La crainte exprimée par le professeur Talmon et par ses disciples et ses amis que la foi messianique conduise à la tyrannie ou à la dictature provient d'une lecture erronée et trompeuse de l'histoire. La Révolution française a été une bénédiction pour l'humanité. En l'absence de foi messianique, les trois dernières générations de notre peuple n'auraient pas pu accomplir ce qu'elles ont fait.

L'État d'Israël est le fruit de la foi messianique, mais il est encore à ses débuts. Le temps n'est pas encore venu de nous reposer et de profiter de ses accomplissements. Nous avons besoin de cette foi afin de poursuivre notre combat.

La Bibliothèque Sioniste

Déjà parus :

Vladimir Jabotinsky, *La rédemption sociale, éléments de philosophie sociale de la Bible hébraïque.*

Vladimir Jabotinsky, *État et religion, Questions autour de la tradition juive.*

Vladimir Jabotinsky, *Histoire de ma vie.*

Golda Meir, *La maison de mon père. Fragments autobiographiques.*

Vladimir Jabotinsky, *Le mur de fer. Les Arabes et nous.*

David Ben Gourion, *L'État d'Israël et l'avenir du peuple Juif.*